Berlin mit dem 100er-Bus entdecken

Eine Fahrt mit dem 100er führt auch am Zoologischen Garten vorbei

Gerhard Drexel

Berlin mit dem 100er-Bus entdecken

Alle Highlights entlang der Strecke

BeBra Verlag

Inhalt

An der Haltestelle Nordische Botschaften / Adenauer-Stiftung

Die Siegessäule am Großen Stern

Vorwort

Die Buslinie 100 bietet eine überraschend vielseitige Sightseeing-Tour von der West-City in die Ost-City. Sie ist bekannt als individuelle Alternative zur organisierten Stadtrundfahrt. Zwischen »Bahnhof Zoo« und Alexanderplatz passiert der 100er-Bus viele der bekanntesten Sehenswürdigkeiten Berlins.

Laut Fahrplan startet der »Bus 100« an der Hertzallee hinter dem »Bahnhof Zoo«, überquert den Hardenbergplatz, fährt vorbei an der Kaiser-Wilhelm-Gedächtnis-Kirche und weiter zum Großen Stern mit der Siegessäule, eine Haltestelle später grüßt das Schloss Bellevue, der Sitz des Bundespräsidenten. Er fährt zwischen Spree und Stadtpark Großer Tiergarten entlang bis zum Haus der Kulturen der Welt, danach geht die Tour durch das Regierungsviertel mit Bundeskanzleramt und Reichstagsgebäude. Beim Brandenburger Tor biegt der »100er« auf den Prachtboulevard Unter den Linden ein und durchkreuzt das historische Berlin mit der Staatsoper Unter den Linden sowie der Humboldt-Universität zu Berlin. Er überquert die Museumsinsel mit Berliner Dom und neuem Berliner Schloss und nimmt seine letzte Etappe zum Alexanderplatz.

Auf seiner Linienfahrt streift der »Bus 100« belebte Plätze, Geschäfte, Restaurants, Hotels, Brunnen, Wolkenkratzer, ausländische Vertretungen, grüne Parks, Flussufer, Schiffe, Erholungsorte, Schlösser, Regierungsbauten, Kulturtempel, historische Bauten und neue Architektur. Dieses Buch lädt Sie ein zu einer Entdeckungstour durch Berlin mit dem »Bus 100« – Haltestelle für Haltestelle!

Omibusse am Brandenburger Tor, um 1928

Vom Pferdeomnibus zum Kraftomnibus

Das Licht der Welt erblickte der »Bus 100« mit dem Fahrplan 1991/92. Vor der Entstehung der neuen Buslinie lagen rund 200 Jahre Berliner Busverkehr. Bereits um 1800 standen bei den Stadttoren Mietwagen mit Pferden, deren Kutscher Landpartien zu Dörfern in der Umgebung ausriefen. Die offenen »Torwagen« boten auf zwei Bänken Platz für etwa sechs bis acht Passagiere, los ging die Fahrt erst, wenn alle Sitzplätze besetzt waren.

Konkurrenz bekamen die Torwagen alsbald von Pferdeomnibussen, die ab 1846 dieselben Strecken befuhren, nur mit einem festen Tarif bei regelmäßigen Fahrtzeiten. Von einer Fahrt mit dem »Omnibus« wurde zum ersten Mal bei Pferdewagen auf der Strecke nach Spandau gesprochen. Die Bezeichnung – sinngemäß »für alle« – war vom Pariser Stadtverkehr übernommen worden. Bei den Pferdeomnibussen gab es im Wageninnern zwölf und auf dem Verdeck im Freien etwa acht Sitzplätze auf zwei Bänken, die Rückenlehne an Rückenlehne montiert waren. Hoch zu den Deckplätzen stieg der Fahrgast auf einer Leiter. Für Damen erachtete man dies als zu gefährlich und unschicklich, erst als 1898 eine Treppe nach oben führte, durften »weibliche Fahrgäste« auf dem Oberdeck Platz nehmen. Es waren die ersten Doppeldeckerbusse in Berlin.

Der Pferdeomnibusverkehr drängte die Torwagen immer weiter zurück. Dies um so mehr, als die Stadtmauer in den 1860er Jahren geschleift wurde und Berlin sich auszudehnen begann. Neben Überlandfahrten zu den Charlottenburger Kaffeegärten wurden auch die Gartenlokale am Rand des

Pferdeomnibusse auf dem Alexanderplatz um 1890

Tiergartens oder Tabagien angefahren, in denen Tabak und Pfeifen offeriert wurden. Schon damals gab es Raucherkneipen! Nach einer Fahrt mussten die Pferde durch frische Zugtiere ersetzt werden. Dies erforderte Ställe, Remisen, Futterlager, Hufschmiede, Werkstätten für Wagenreparaturen und Lagerstätten für Pferdemist, was zu Klagen der Nachbarn über Gestank und Schwärme von Fliegen führte. Um die Pferdebuslinien unter einem Dach zu vereinen, wurde 1865 eine Berliner Omnibus-Gesellschaft gegründet, die 1868 von der neu gegründeten Aktiengesellschaft Allgemeine Berliner Omnibus AG (ABOAG) übernommen wurde. Diese ging 1928 mit anderen Berliner Verkehrsbetrieben in der Berliner Verkehrs-AG (BVG) auf, einer Vorläuferin der heutigen BVG, den Berliner Verkehrsbetrieben. Mit größeren Wagen und einer ruhigeren Fahrt machte ab 1865 die Pferdebahn auf Schienen den Pferdeomnibussen erhebliche

Konkurrenz, sodass für die von Gleisen unabhängigen Kutscher nur noch Fahrten durch die verwinkelte Innenstadt übrigblieben. Am Hintereinstieg, wo der Schaffner das Fahrgeld kassierte, setzte sich eine Plattform mit Stehplätzen durch. Schon damals war das Berliner Nachtleben so attraktiv, dass ab 1895 Nachtbusse eingesetzt wurden.

Seit 1905 fuhren in Berlin die ersten zwei Kraftomnibusse mit Benzinmotor. Sie bedienten die Linie 4 vom Halleschen Tor über die Friedrichstraße zur Chausseestraße, sie tuckerten also quer durch die Stadt. Von der ersten Fahrt der Kraftomnibusse berichtet der »Berliner Lokalanzeiger« vom 20. November 1905, dass viele Neugierige die Straßen säumten und die Busse bis auf den letzten Platz besetzt waren. Da es unterwegs noch keine Haltestellen gab, fuhren die meisten Fahrgastpioniere von Endhaltestelle zu Endhaltestelle, wo Hunderte auf eine Mitfahrt gewartet haben sollen. Wenn unterwegs Personen ausstiegen, nachdem der Schaffner den Haltewunsch mit einem Lederriemen signalisiert hatte, der am Oberarm des Busfahrers befestigt war, drängten sich sofort neue Mitreisende am Einstieg. Trotz

Friedrichstraße mit Bahnhof um 1900

einsetzendem Regen »bewährte sich das neue Verkehrsmittel tadellos«. Nachdem der Automobil-Omnibus vorüber war, soll ein »zartes Perfum« angenehm in der Nase gekitzelt haben, das sich in der Luft ausbreitete.

Der Erste Weltkrieg unterbrach den Betrieb der Motor- und Pferdeomnibusse, denn die Militärbehörden beanspruchten Personal, Pferde und Kraftfahrzeuge. Futter- und Benzinknappheit kamen erschwerend hinzu. Für das inzwischen vorhandene Netz der elektrischen Oberleitungsbusse fehlte der Strom. Nach Ende des Ersten Weltkriegs 1918 wurde verstärkt der Autobusverkehr wieder aufgebaut. Der letzte Pferdeomnibus fuhr am 15. August 1923. Bald entstanden Doppeldeckerbusse mit einem überdachten Oberdeck, rundum geschlossen und mit Fenstern versehen. Die Fahrt im offenen Verdeck kam erst bei Sightseeing-Bussen wieder auf.

Während des Zweiten Weltkriegs brach der Omnibusverkehr abermals zusammen. Als nach dessen Ende 1945 die Straßen von Trümmern freigeräumt waren, wurde zö-

Bus um 1940, Kaiser-Wilhelm-Gedächtnis-Kirche

Busfahrt durch das Brandenburger Tor um 2000

gerlich der Busverkehr wieder aufgenommen. Die Aufteilung der Stadt in vier Sektoren brachte in Berlin-Ost und Berlin-West und vor allem nach dem Mauerbau 1961 unterschiedliche Verkehrssysteme hervor. Im Westteil Berlins wurde die autogerechte Stadt ausgerufen mit breiten Straßen, dem Verschwinden der Straßenbahnen und dem Ausbau des U-Bahnnetzes, der dieselbetriebene Doppeldecker bestimmte das Stadtbild. Im Berliner Ostteil wurden der in Ungarn gebaute Bus »Ikarus« und die Straßenbahnen zum alltäglichen Bild.

Erst nach dem Mauerfall 1989 war daran zu denken, den öffentlichen Stadtverkehr für ganz Berlin wieder zu vereinen. Die bekannteste Wiedervereinigungslinie wurde der »Bus 100«!

BUS
100
109
110
200
204
SCANIA

Hertzallee

Wohin fahren die Busse weiter, die auf dem Hardenbergplatz am Bahnhof Berlin Zoologischer Garten ihre Fahrgäste aussteigen lassen? Und woher kommen die leeren oder spärlich besetzten Busse? Sie schleichen in der hintersten Ecke des Platzes unter einer Bahnunterführung hindurch zu einem großen Busabstellplatz an der Hertzallee, wo die Fahrer ihre wohlverdiente Pause vor der Rückfahrt machen. Andere Busse halten unter einer Bahnunterführung an der Hardenbergstraße und nehmen danach den Weg über die Jebensstraße zur Betriebshaltestelle. Von dort fahren alle Busse wieder los. Die Nachtlinien mitgezählt, nehmen von der Haltestelle »Hertzallee« knapp 20 Buslinien ihre Strecke auf. Die Haltestelle ist auch die erste Einsteigehaltestelle des »Bus 100« in der West-City auf seiner Fahrt zum Alexanderplatz.

Die Stadt Berlin plant, den Busparkplatz, auf dem früher Straßenbahnen wendeten, und seine Umgebung, zu einem städtischen Quartier mit Hochhäusern umzuwandeln. Institute und Labore der Technischen Universität, Büros und studentisches Wohnen sollen in dem neuen Stadtviertel unterkommen. Für die Stadtbusse wird ein Depot mit Elektroladestellen integriert, denn die Bus-Flotte der Berliner BVG soll in absehbarer Zeit elektrisch betrieben werden. Dann beginnt schon direkt an der Bahnunterführung der Campus der Technischen Universität mit der Hertzallee als zentrale Achse und einer Bushaltestelle direkt vor der Tür.

100 S+U Alexanderplatz
via Reichstag
4957
B V 4957

S+U Zoologischer Garten

Mit den S-Bahnlinien und Regionalzügen im Bahnhof Berlin Zoologischer Garten, U-Bahnlinien unter und Buslinien auf dem Hardenbergplatz bildet die Bushaltestelle »S+U Zoologischer Garten« eine stark frequentierte Umsteigestelle und den häufigsten Startpunkt für eine Fahrt mit dem »Bus 100« in Richtung Alexanderplatz. Pendler, Touristen, Einkaufsbummler, Zoobesucher und Müßiggänger, die die umliegenden Restaurants, Kneipen und Imbisse schätzen, bevölkern den Hardenbergplatz. Es herrscht ein Treiben wie in einer Karawanserei, nur dass hier Stadtbusse statt Kamelkarawanen die Wege durch die Steinwüste suchen und sich die echten Kamele nebenan im Zoo entspannen.

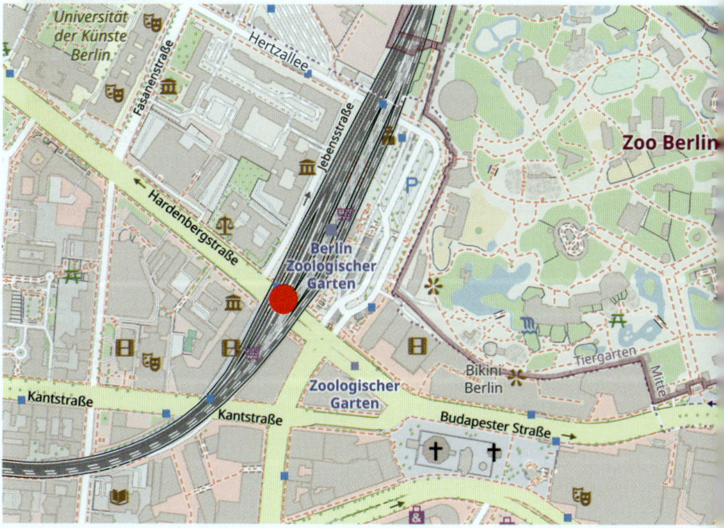

Bahnhof Zoologischer Garten am Hardenbergplatz

Bahnhof Berlin Zoologischer Garten –
Der »Bahnhof Zoo«

Der Bahnhof Berlin Zoologischer Garten war für den Westteil des geteilten Berlins der Hauptbahnhof. Neben seiner Anbindung an das Bus-, S- und U-Bahnnetz war der »Bahnhof Zoo« von 1952 bis 1976 der einzige Fernbahnhof in West-Berlin und Ausgangspunkt der Interzonen- und Transitzüge in die Bundesrepublik Deutschland. Ab 1976 hielten Fernzüge auch an den West-Bahnhöfen Wannsee und Spandau. Eröffnet wurde der Bahnhof Berlin Zoologischer Garten 1882 als Halt für Vorortzüge, der Fernverkehr kam zwei Jahre später hinzu. Der U-Bahnhof »S+U Zoologischer Garten« für die U2 wurde 1902 in Betrieb genommen. Im Sommer 1928 wurde die S-Bahn elektrifiziert und ihre Dampflokomotiven verschwanden aus dem Stadtbild. Vor den Olympischen Spielen 1936 in Berlin wurde der Bahnhof nahezu vollständig durch einen Neubau ersetzt. Noch heute ist zu sehen, dass die S-Bahn-Halle niedriger als die

Fernzüge-Halle errichtet werden konnte, weil die elektrischen S-Bahnen ohne Rauchentwicklung fuhren. Der große Wartesaal, die »Zoo-Terrassen« am Hardenbergplatz, wurde erst in den 1950er Jahren angefügt. Die Station für die zweite U-Bahnlinie U9, die eine Etage tiefer als die U2 einfährt, wurde 1961 eröffnet. Als Referenz zum Berliner Zoo sind die Wände mit Tiermotiven verziert. Ab Mitte der 1960er Jahre wurden die Dampf- durch Diesellokomotiven ersetzt. Im aufgeteilten Berlin betrieb – mit Zustimmung der Westalliierten – die Deutsche Reichsbahn mit Sitz in Ost-Berlin die Berliner Bahnanlagen des Fernbahnnetzes, seine Bahnhöfe und die gesamte S-Bahn. Die DDR zeigte freilich wenig Interesse, die West-Berliner Bahnhöfe in einem guten Zustand zu erhalten, und der »Bahnhof Zoo« wurde zu einem Schmuddelbahnhof. Erst als 1984 die Betriebsrechte der S-Bahn auf die BVG aus dem Westteil der Stadt übergingen, wurde der Bahnhof wieder ansehnlicher. Die 750-Jahr-Feier Berlins 1987 brachte einen Sanierungsschub für den »Bahnhof Zoo« mit sich. Nach der Wende 1989 wurde die Deutsche Reichsbahn mit der Deutschen Bahn zur Deutschen Bahn AG vereinigt, die den »Bahnhof Zoo« als eine Art Daueraufgabe saniert.

Bahnhof Berlin Zoologischer Garten
Hardenbergplatz 13, 10623 Berlin, www.bahnhof.de
⟷ 100 Meter, 🕓 2 Minuten

Café Kranzler am Kurfürstendamm

In der Rotunde im Obergeschoss des Cafés Kranzler kann wieder Kaffee bestellt werden. Das war länger nicht so, obwohl kaum ein anderer Name mit der Berliner Kaffeehauskultur so stark verbunden ist wie »Kranzler«. In Berlin-Mitte eröffnete im Jahr 1825 an der Kreuzung des Boulevards

Kranzler-Eck am Kurfürstendamm

Unter den Linden und Friedrichstraße der junge Wiener Zuckerbäcker Johann Georg Kranzler eine Konditorei. 1834 konnte in den ersten Stock erweitert werden. Inzwischen war es ein Kaffeehaus mit Straßencafé im Stil eines Wiener Schanigartens, was damals eine sensationelle Neuheit darstellte. In den letzten Tagen des Zweiten Weltkriegs wurde das Gebäude zerstört, ebenso die Filiale »Restaurant und Konditorei Kranzler« im Westen, die 1932 hinzugekommen war. An gleicher Stelle am Kurfürstendamm eröffnete 1951 in einem einfachen Flachbau das Café Kranzler. Das Eckgebäude wurde 1957/58 in der heutigen Form errichtet – mit der auffälligen Rotunde mit umlaufender Terrasse und einem Straßencafé. Der große Schriftzug »Kranzler« und die rot-weiß-gestreiften Markisen wurden zum Markenzeichen für den Kurfürstendamm und das »Kranzler« zu einem Wahrzeichen West-Berlins. Im Zuge der Eröffnung des neuen gläsernen Bürokomplexes im Jahr 2000 wurden die Räumlichkeiten des Cafés Kranzler als Ladenflächen genutzt. Seit 2016 brüht in der Rotunde eine Kaffeerösterei mit modernem Kaffeehaus wieder Kaffee. Der Blick über den Kurfürstendamm beeindruckt wie in den alten Zeiten.

Café Kranzler, Kurfürstendamm 22, 10719 Berlin
www.kranzler-eck.berlin, ⟷ 300 Meter, 🕓 6 Minuten

C/O Berlin – Fotogalerie im ehemaligen Amerikahaus
C/O Berlin ist eine Galerie für Fotografie und visuelle Medien. Sie präsentiert Werke renommierter Künstlerinnen und Künstler. Mit seinem vielseitigen und viel beachteten Programm ist C/O Berlin ein inspirierender Ort der Auseinandersetzung mit dem Medium Fotografie. Die Ausstel-

C/O Berlin – Fotogalerie im Amerika Haus

lungsräume befinden sich im sogenannten Amerika Haus, das bis 2006 als Kultur- und Informationszentrum der Vereinigten Staaten von Amerika in Berlin diente.

C/O Berlin, Hardenbergstraße 22–24, 10623 Berlin
www.co-berlin.org, ⟷ 200 Meter, 🕓 4 Minuten

Der Schleusenkrug – Restaurant und Biergarten am Landwehrkanal

Vom Hardenbergplatz führt zwischen Bahndamm und Zoo ein Weg zur Gaststätte Schleusenkrug mit ihrem beliebten Sommergarten. Beim Umbau der Schleusenanlage in den 1950er Jahren wurde dem Schleusenhaus eine Gaststätte aufgesetzt. Die Familie Fistler eröffnete 1954 ihren Getränkeausschank Schleusenkrug mit Biergarten. Dies ergab vor der Wiedervereinigung eine spezielle Berliner Situation: Unten wurde die Schleuse von Mitarbeitern der DDR-Verwaltung bedient, denn die Wasserstraßen und ihre Schleusen betrieb das Wasserstraßenhauptamt in Ost-Berlin, und im oberen Geschoss genossen die Gäste aus West-Berlin Speisen und Getränke des Schleusenkrugs. In gewissem Sinn bildete der Fußboden des Schleusenkrugs einen Teil der Berliner Mauer.

Schleusenkrug, Müller-Breslau-Straße 14B, 10623 Berlin
www.schleusenkrug.de, ⟷ 550 Meter, 🕓 11 Minuten

Kunst in Nähe des Bahnhofs Zoologischer Garten

Auf der Grünfeld-Ecke am Kurfürstendamm und Joachimsthaler Straße macht der 27 Meter hohe »Pendelobelisk« des Künstlers Karl Schlamminger (1935–2017) den hohen Bäumen Konkurrenz. Die schlanke Spitze sitzt auf einer Kugel

Eingang zum Schleusenkrug, Pendelobelisk

von drei Metern Durchmesser, diese wiederum liegt in einer flachen Pfanne. Der Künstler hat auf einer Tafel im Boden die Aufforderung hinterlassen: »Wünscht euch was, wenn ihr mich anstoßt.« Gegenüber dem Theater des Westens befindet sich an der Kantstraße seit 1995 die Skulptur »Der gestürzte Krieger« von Markus Lüpertz (*1941). Auf einem Sockel liegt ein gestürzter Krieger neben seinem weggerollten Helm und gezackten Schild. Lüpertz greift mit dem Motiv antike Vorbilder auf und holt sie auf ganz eigene Weise in die Gegenwart.

Pendelobelisk, ⟷ 370 Meter, 🕓 7 Minuten

Der gestürzte Krieger, ⟷ 370 Meter, 🕓 7 Minuten

Museum für Fotografie – Helmut Newton Foundation

Ende 2003 gründete der bekannte Fotograf Helmut Newton (1920–2004) die Helmut Newton Foundation, die im Museum für Fotografie in einem ehemaligen preußischen Offizierskasino untergebracht ist. Dort werden fotografische Arbeiten von Helmut und seiner Frau June Newton präsentiert, die unter dem Pseudonym Alice Springs ein eigenständiges Werk geschaffen hat. Neben der Dauerausstellung werden die unterschiedlichen Aspekte des fotografischen Schaffens von Helmut Newton und die Arbeiten anderer Fotografen gegenübergestellt.

Museum für Fotografie, Jebensstraße 2, 10623 Berlin
www.helmut-newton-foundation.org
⟷ 300 Meter, 🕓 6 Minuten

Museum für Fotografie

Stage Theater des Westens

Stage Theater des Westens – Moderne Musicals im historischen Theater

Eine der bekanntesten Musicalbühnen Berlins ist das Stage Theater des Westens. 1895/96 als Theater des Westens erbaut, kann das Haus auf eine bewegte Geschichte zurückblicken. Errichtet wurde es von Bernhard Siehring im Stil des wilhelminischen Historismus auf einem ehemaligen Kohlelagerplatz. Die verzierte weiße Fassade mit Säulen und hohen Rundbogenfenstern ruht auf einem rustikalen dunklen Sockelgeschoss, in dem sich die Eingangsportale befinden. Schon der erste Betreiber gab dem Theatertempel seinen prägenden Namen. Seit dieser Zeit ist hier das Musiktheater zuhause. Unter der Leitung der Musicalproduktionsfirma Stage Entertainment, die das Theater renovierte und technisch modernisierte, sind erfolgreiche deutsche und internationale Musicals zu sehen.

Stage Theater des Westens, Kantstraße 12, 10623 Berlin
www.stage-entertainment.de, ⟷ 450 Meter, ◷ 9 Minuten

Technische Universität Berlin, Institut für Mathematik

Technische Universität Berlin – die »TU Berlin«
Die Technische Universität Berlin (TU Berlin) zählt mit über 100 Studiengängen und rund 35.000 Studierenden zu den größten Hochschulen in Deutschland. Neben zahlreichen Instituten der TU befinden sich auf dem Campus Räumlichkeiten der Universität der Künste, Bibliotheken, Mensen, Studierendenvertretungen sowie ein Konzert- und ein Theatersaal. Vom Hardenbergplatz ist der nächste Weg zum Campus über die Hertzallee zur Fasanenstraße, wo der Fußgängerbereich der TU Berlin beginnt.

Technische Universität Berlin, Straße des 17. Juni 135,
10623 Berlin, www.tu.berlin, ⟷ 500 Meter, 🕓 10 Minuten

Verkehrskanzel auf dem Kurfürstendamm

Auf der Grünfeld-Ecke am Kurfürstendamm steht die letzte erhaltene und denkmalgeschützte Verkehrskanzel Berlins. Sie war von 1955 bis 1959 in Betrieb. Eine automatische Ampelschaltung gab es nicht und so stieg jeden Morgen ein Verkehrspolizist hoch in die Kanzel und bediente an einem Schaltpult die Signale nach dem Verkehrsaufkommen. Bis 1959 nahm der Verkehr jedoch so stark zu, dass eine automatische Verkehrsampelschaltung installiert werden musste. Gemäß der Auffassung in den 1950er Jahren wurde die Verkehrsampel mit den Serviceangeboten eines Zugangs zum U-Bahnhof, einer Uhr, eines Pavillons, eines Kiosks und einer öffentlichen Toilette ausgestattet. Bei seiner Arbeit thronte der Verkehrspolizist also auf einem Dienstleistungszentrum.

Verkehrskanzel, Grünfeld-Ecke, 10719 Berlin
⟷ 370 Meter, 🕓 7 Minuten

Historische Verkehrskanzel

Löwentor

Zoologischer Garten Berlin – tierisch gut!

Als der Berliner Zoo 1844 als erste Einrichtung seiner Art in Deutschland eröffnet wurde, lag er weit draußen vor der Berliner Stadtmauer bei einer Fasanerie des Königs. Mit dem Ausbau des Schienennetzes und der Eröffnung des Bahnhofs Zoologischer Garten wurde ein Besuch für Berliner attraktiver. Zum Empfang der Besucher wurde 1909 das Löwentor am Hardenbergplatz eröffnet. Seither bilden der Bahnhof Berlin Zoologischer Garten und der Berliner Zoo eine Art Symbiose. Der Zoo – inklusive seines Aquariums – gilt als der artenreichste der Welt und beherbergt etwa 20.000 Tiere von 1.200 Arten. Rund 3,8 Millionen Besucher staunen jährlich über die offenen Felsenlandschaften und Tierhäuser aus früherer Zeit, wie das Antilopenhaus von 1872 oder das historische Aquarium und die Tierunterkünfte moderner Architektur.

Zoologischer Garten Berlin, Eingang Löwentor
Hardenbergplatz 8, 10787 Berlin, www.zoo-berlin.de
⟷ 80 Meter, 🕓 2 Minuten

Zoo Palast – das Berlinale-Kino

Am Anfang des 20. Jahrhunderts standen zwischen Breitscheid- und Hardenbergplatz die neoromanischen Ausstellungshallen am Zoo, in denen Ausstellungen gezeigt wurden oder Sportveranstaltungen stattfanden. Nach Umbauten 1912 gab es ein Varieté-Theater, das seit 1915 auch Filme vorführte. Anfangs hieß es Palasttheater am Zoo, später wurde es als Kino Ufa-Palast am Zoo bekannt. Seither ist die Adresse ein Berliner Kinostandort. Im Zweiten Weltkrieg wurde das Gebäude zerstört und 1955 abgeräumt. An seiner Stelle wurde 1956/57 das Kino Zoo Palast erbaut. Von 1957 bis 1999 war es das zentrale Kino der Berliner Filmfestspiele Berlinale. Selbst bei Einbauten kleinerer Kinosäle blieb immer ein großer Saal für Premierenvorstellungen erhalten. Nach einem Umbau 2010 wurde der Zoo Palast als modernes Kino wiedereröffnet. Seit 2014 ist es wieder ein Berlinale-Kino.

Zoo Palast Berlin, Hardenbergstraße 29A, 10623 Berlin
www.zoopalast.premiumkino.de
⟷ 270 Meter, 🕓 5 Minuten

Zoo Palast Kino

100 S+U Alexanderplatz
via Reichstag
BVG
BVG
www.BVG.de
BERLIN
B V 5376

Breitscheidplatz

Das Sommerfest »Summer in the City« mit dem Tanzfestival Time to Dance zum Mittanzen, Stadtfeste, Street Music Festivals, Breakdancer oder der große Weihnachtsmarkt – auf dem Breitscheidplatz ist immer was los. Der Platz ist ein Schmelztiegel des Großstadtlebens. Mit dem Berliner Wahrzeichen »Gedächtniskirche«, den beiden Wolkenkratzern Upper West und Zoofenster, einem Einkaufscenter, dem Erdkugelbrunnen für Verabredungen, Bushaltestellen, U-Bahnhöfen, Theatern, Restaurants, Cafés und Sitzbänken unter Bäumen hat der Breitscheidplatz einfach alles, was einen beliebten Treffpunkt in der City ausmacht.

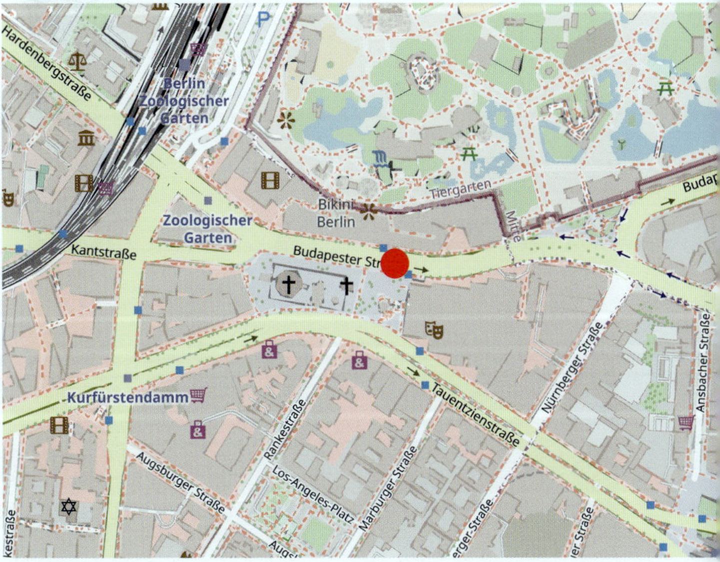

Aquarium Berlin – Fische, Reptilien und Insekten
Das Aquarium Berlin gilt als eines der artenreichsten weltweit. Neben Fischen werden Reptilien, Amphibien und sogar Insekten gezeigt. Das Haus von 1913 kann sowohl vom Portal im Zoo als auch vom Eingang an der Budapester Straße aus betreten werden. Das im Krieg zerstörte Gebäude wurde in den 1950er Jahren wiederaufgebaut. Die Eröffnung erfolgte 1956 mit den Aquarien für Meeresbewohner und der Krokodil- und Reptilienhalle. 1959 kam das Krabbelparadies Insektarium hinzu, ein weiterer Bau in den 1970er Jahren. Insgesamt werden im Aquarium des Zoos Berlin rund 13.000 Tiere in mehr als 1.200 Arten gehalten. Darunter ist auch eine der umfangreichsten Quallenzuchten der Welt.

Aquarium Berlin, Budapester Straße 32, 10787 Berlin
www.aquarium-berlin.de, ↔ 350 Meter, 🕓 7 Minuten

Aquarium Berlin

Einkaufszentrum BIKINI BERLIN

BIKINI BERLIN
Seinen Namen bekam das Bikini-Haus schon bald nach seiner Eröffnung 1957. Der lange Flachdachbau am Breitscheidplatz besaß im Erdgeschoss eine Kolonnade mit Läden und Geschäften und in der ersten Etage Büros, darüber als Besonderheit ein offenes Luftgeschoss. Freie Stützsäulen trugen einen langen Gebäuderiegel mit drei Etagen, in dem Näherinnen Konfektionsmode schneiderten. Zu dieser Zeit avancierte der Bikini zu einer neuen Bademode und das Gebäude mit einem Unter- und einem Oberteil wurde von den Berlinern mit der zweiteiligen Badekleidung verglichen. Das offene »Bikini-Geschoss« wurde in den 1970er Jahren zugebaut. Obwohl das Haus fortan eher einem einteiligen Badeanzug glich, hielt sich der eingeführte Name. Nach weitreichenden Umbauten eröffnete 2014 das neue BIKINI BERLIN mit Büros, Geschäften, Läden, Restaurants, Cafés und einer Sonnenterrasse mit Panoramablick zu den Affengehegen des Zoos.

BIKINI BERLIN, Budapester Straße 38–50, 10787 Berlin
www.bikiniberlin.de, ⟷ 50 Meter, 🕓 2 Minuten

Die Stachelschweine – das Kabarett des Westens

Das Berliner Kabarett »Die Stachelschweine« wurde in den Nachkriegsjahren gegründet. Im Laufe der Zeit wechselten die Besetzungen und die Spielorte. 1965 zog es ins neu erbaute Europa-Center direkt am Breitscheidplatz. Das Programm bietet kritische, komische und satirische Aufarbeitungen politischer und gesellschaftlicher Themen.

Die Stachelschweine, Europa-Center, Tauentzienstraße 9–12, 10789 Berlin, www.diestachelschweine.de
⟷ 25 Meter, ◷ 1 Minute

Elefantentor des Berliner Zoos

Der exotischste Eingang des Berliner Zoos ist das Elefantentor im ostasiatischen Stil mit seinen beiden steinernen Elefanten. Es wurde 1984 originalgetreu nach dem im Krieg zerstörten Tor von 1899 wiederaufgebaut. Zwei liegende indische Elefanten aus Sandstein stützen ein Pagodendach aus rotem Holz und goldenen Verzierungen.

Zoologischer Garten Berlin, Eingang Elefantentor Budapester Straße, 10787 Berlin, www.zoo-berlin.de
⟷ 350 Meter, ◷ 7 Minuten

Europa-Center mit der »Berlin-Uhr« und der »Uhr der fließenden Zeit«

Das Europa-Center wurde am früheren Standort eines im Krieg zerstörten Gebäudes im romanischen Stil erbaut. In diesem Haus befand sich im Erdgeschoss das legendäre Romanische Café mit einem großen Straßencafé. Auf Initiative

Europa-Center, Elefantentor, Erdkugelbrunnen

B.Z.
DIE STIMME BERLINS
B.Z.
KFC
KFC
Die Stachelschweine
SATURN

ABC

des Investors Karl Heinz Pepper wurde auf der von Kriegstrümmern beräumten Brachfläche ein Büro-, Gewerbe- und Geschäftekomplex erbaut, der 1965 eröffnet wurde. Das Europa-Center besteht aus einem Shopping-Center, Restaurants, dem Kabarett-Theater »Die Stachelschweine«, einem 103 Meter hohen Büroturm, Hotel und Parkhaus. An der Budapester Straße steht die »Berlin-Uhr« des Uhrmachers und Elektroingenieurs Dieter Binninger, der die Uhr 1975 im Auftrag des Berliner Senats entwickelte. Sie gilt als die erste Uhr der Welt, auf der Leuchtfelder die Uhrzeit anzeigen. Nach einem System leuchten auf einem Tableau unterschiedliche Felder mit Minuten- oder Stundenzuweisungen auf, an denen die Uhrzeit abgelesen werden kann. Im überdachten Innenhof des Europa-Centers ist die »Uhr der fließenden Zeit« aufgebaut. Bei der 13 Meter hohen Wasseruhr von 1982 des französischen Künstlers Bernard Gitton wird die Uhrzeit über eine leuchtgrüne Flüssigkeit angezeigt, die durch gebogene Röhren fließt und sich in kugeligen und linsenförmigen Glaskörpern sammelt. An der Anzahl der gefüllten Glaskörper kann die Uhrzeit abgelesen werden.

Europa-Center mit »Berlin-Uhr« und »Uhr der fließenden Zeit«, Tauentzienstraße 9–12, 10789 Berlin
www.europa-center-berlin.de, ⟷ 25 Meter, 🕓 1 Minute

Goldener Riss – Denkmal für die Opfer des Terroranschlags

Schräg über den breiten Gehweg verläuft von der Budapester Straße zur Gedächtniskirche ein goldfarbener Riss. In diesem Bereich fuhr am 19. Dezember 2016 ein Attentäter mit einem Lastwagen auf den Fußgängerweg und mit hoher Geschwindigkeit in den gut besuchten Weihnachtsmarkt. Durch den Anschlag verloren 13 Menschen ihr Leben und

Goldener Riss auf dem Breitscheidplatz

mehr als 60 Besucher wurden teilweise schwer verletzt, von denen viele bis heute an den Folgen leiden. Bei dem Denkmal an die Opfer des Anschlags symbolisiert die zittrige Linie den Riss, der sich plötzlich im Alltag der Angehörigen und der Opfer aufgetan hat. Auf den Setzstufen ist in weißer Schrift eingraviert: »Zur Erinnerung an die Opfer des Terroranschlags am 19. Dezember 2016, Breitscheidplatz«. Zudem sind die Namen der Getöteten und ihre Herkunft zu lesen.

Goldener Riss, Breitscheidplatz, 10789 Berlin
⟷ 50 Meter, 🕓 2 Minuten

Hertha BSC Fanshop

Im Europa-Center befindet sich ein Hertha BSC Fanshop, in dem sich Anhänger des bekannten und traditionsreichen Fußballvereins mit allem eindecken können, was ein Fan benötigt. Der Hertha Berliner Sport-Club e.V., kurz Hertha BSC, geht auf die Gründung des Vereins Berliner Fußball Club Hertha 1892 zurück, damals kurz BFC Hertha 92 ge-

Hertha BSC Fanshop, Kaiser-Wilhelm-Gedächtnis-Kirche

nannt. Der Verein wurde nach dem Ausflugsdampfer Hertha benannt, mit dem einer der Gründer wenige Tage zuvor gefahren war. Die Farben auf dem Schornstein Blau, Weiß und Gelb wurden als Vereinsfarben übernommen, davon blieben Blau und Weiß bestehen. Der Verein ist für seine Fußballmannschaft bekannt, die seit der Gründung in unterschiedlichen Ligen spielte. Neben Männerfußball bietet der Verein Frauenfußball und andere Sportarten an wie z.B. Kegeln.

Hertha BSC Fanshop, Europa-Center
Breitscheidplatz, 10789 Berlin, www.herthashop.de
⟷ 25 Meter, 🕓 1 Minute

Kaiser-Wilhelm-Gedächtnis-Kirche
Die Turmruine der Kaiser-Wilhelm-Gedächtnis-Kirche zählt zu den Wahrzeichen Berlins. Um den als Kriegsruine stehengebliebenen Kirchturm gruppiert sich mit einer achteckigen Kirche, der Gemeindekapelle und einem achteckigen Glockenturm von 53,50 Metern Höhe einer der auffallendsten Kirchenbauten aus der Nachkriegszeit. Die Glasfassade des Kirchenraums lässt ein blaues Licht in das Innere fallen. Die historische Kaiser-Wilhelm-Gedächtnis-Kirche wurde zwischen 1891 und 1895 erbaut. Sie machte einen monumentalen Eindruck, besaß vier kleinere Türme und einen 113 Meter

hohen Hauptturm, damals der höchste Kirchturm der Stadt. Die Kirche wurde zur Erinnerung an den ersten deutschen Kaiser Wilhelm I. errichtet, eingeweiht von seinem Enkel Kaiser Wilhelm II. Während des Zweiten Weltkriegs 1943 zerstört, wurden 1956 bis auf die Turmruine alle Mauern des Gebäudes abgetragen. Der erste Entwurf für einen neuen Kirchenbau des Architekten Egon Eiermann von 1957 sah den Abriss des Turmes vor, was zu Kontroversen führte, aus denen als Kompromiss der Erhalt der Ruine als Mahnmal gegen den Krieg hervorging.

Kaiser-Wilhelm-Gedächtnis-Kirche, Breitscheidplatz, 10789 Berlin, www.gedaechtniskirche-berlin.de
⟷ 25 Meter, 🕓 1 Minute

Kunst in Nähe des Breitscheidplatzes

Auf dem Olof-Palme-Platz plätschert der »Ammonitenbrunnen« mit einem Brunnenbecken in der Schneckenform eines Ammoniten. Was auf den ersten Blick wie ein Haufen übereinandergeworfener Schieferplatten aussieht, ist ein 1987 von dem Bildhauer Volker Bartsch gestalteter Brunnen aus 165 geschichteten oder senkrechtgestellten Schieferbruchstücken. Zwischen den Platten sind 13 bronzene Skulpturen versteckt, die an amorphe Fossilien in einem Steinbruch erinnern. Weltbekannt ist das Kunstwerk »Berlin« von 1987 auf dem Mittelstreifen der Tauentzienstraße, geschaffen vom Künstlerehepaar Brigitte (1923–2011) und Martin Matschinsky-Denninghoff (1921–2020). Die Skulptur besteht aus vier runden Metallelementen, die, einander zugeneigt, aus dem Boden wachsen. Zwei umranken sich wie vor einer Umarmung. Zur Zeit der Aufstellung wurde »Berlin« als Metapher für die Situation der geteilten Stadt und ihrer Menschen empfunden. Bei der Umgestaltung des

Skulptur »Berlin«, Ammonitenbrunnen

Breitscheidplatzes zu einem Fußgängerbereich 1983 wurde der Vorschlag des Bildhauers Joachim Schmettau (*1937) für einen großen »Erdkugelbrunnen« realisiert, der Geschichten und Mythen der Menschheit präsentiert. Um eine in geometrischen Formen aufgebrochene Kugel führen zwei Wassertreppen in das Untergeschoss des Europa-Centers, wo sich das Brunnenwasser in einem Becken sammelt. Menschliche Figuren aus Mythologie oder Alltag und exotische Tiere tummeln sich auf den Mauern. Die Gestaltung setzt sich auf dem Platz mit Bodenmosaiken, Kleinplastiken, Sitzgruppen und einem kleineren Brunnen fort. Vor dem Eingang des Europa-Centers an der Tauentzienstraße steht die 35 Meter hohe Lichtskulptur »Lichtpfeiler« von Heinz Mack (*1931). Die oben zu einer Spitze abgeschrägte, quadratische Säule wurde 1987 aufgestellt. Ihre Seitenflächen aus goldfarbenem Glas lassen nachts elektronisch gesteuert das Licht von mehreren Tausend LED-Leuchten in verschiedenen Formen und Farbschattierungen durchscheinen. Tagsüber spiegelt sich Sonnenlicht goldfarben in dem Obelisken.

Erdkugelbrunnen, ⟷ 50 Meter, 🕓 2 Minuten
Lichtpfeiler, ⟷ 50 Meter, 🕓 2 Minuten
Berlin, ⟷ 280 Meter, 🕓 6 Minuten
Ammonitenbrunnen, ⟷ 350 Meter, 🕓 7 Minuten

Marmorhaus – vom Kino zum Warenhaus

Die Fassade des früheren Kinos Marmorhaus erinnert an die Zeiten, als zu Beginn des 20. Jahrhunderts Kinofilme die Welt eroberten. Sind auch die Merkmale eines Kinos gewichen, so lässt die mit weißem Marmor verkleidete Fassade die Wertschätzung erahnen, die dem Kino zu jener Zeit entgegengebracht wurde. Nicht zufällig trugen Kinos Namen wie Lichtspiel-»Theater« oder Film-»Palast«. 1912/13 errichtet, besticht es vor allem durch seine namensgebende Marmorfassade am Kurfürstendamm. Aber auch die expressionistischen Wand- und Deckenmalereien im Foyer und Zuschauerraum sowie eine farbige Glasdecke im Eingangsbereich beeindruckten das Publikum schon vor der Filmvorführung. Seit Anfang der 2000er Jahre wird das umgebaute Kino Marmorhaus als Geschäftshaus betrieben.

Marmorhaus, Kurfürstendamm 236, 10719 Berlin
↔ 50 Meter, 🕓 2 Minuten

Lichtpfeiler, Marmorhaus

KAUFHAUS DES WESTENS
TOM FORD

Bayreuther Straße

Der »Bus 100« hält auf der einen Straßenseite vor einer Shisha Lounge und einem rund um die Uhr geöffneten Pub & Diner; gegenüber steht die Haltestelle vor dem Neubau des Deutschen Instituts für Normen, abgekürzt DIN. Hier entstehen die technischen Normen für Deutschland. Während des Wartens vor dem DIN-Institut bleibt etwas Zeit für die Betrachtung der Bushaltestelle. Das runde gelbe Halteschild mit dem Buchstaben »H« ist das bundesdeutsche Verkehrszeichen 224 für »Haltestelle für Straßenbahnen und Linienbusse« nach STVO § 41 mit einer Schrift nach DIN 1451, die weißen Hinweisschilder sind mit der BVG-Schrift »FF Transit« bedruckt.

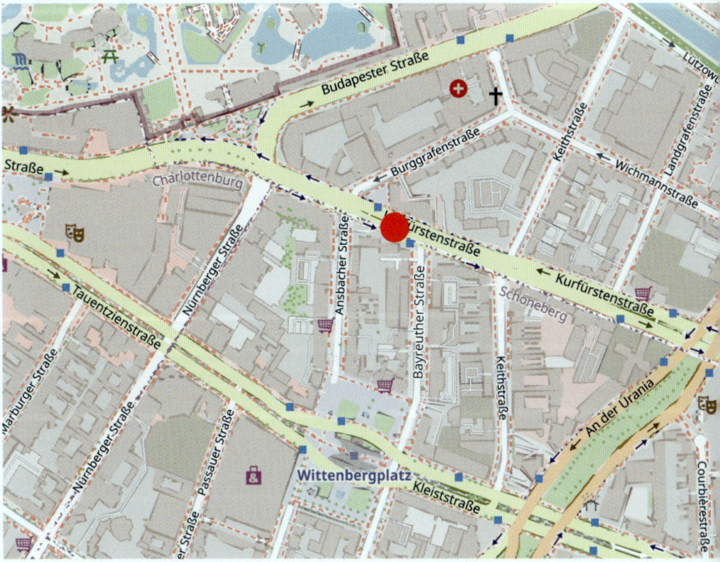

Deutsches Institut für Normung

Deutsches Institut für Normung e. V. (DIN)
Mit Zunahme der Normierungsmenge wurde das erste Gebäude des Deutschen Instituts für Normung e. V. (DIN) aus den 1960er Jahren mehrmals erweitert. Alle deutschen Normen, die unter die Bezeichnung »DIN« fallen, werden von der Institution erarbeitet. Und das sind einige – aktuell rund 33.500! Beim Eingang steht ein Standbild des Gelehrten Wilhelm von Humboldt. In dem Gebäude hat der 1924 gegründete Beuth-Verlag seinen Sitz, der die DIN-Normen und Regelwerke publiziert.

Deutsches Institut für Normung e. V. (DIN)
Burggrafenstraße 6, 10787 Berlin
⟷ 80 Meter, 🕓 3 Minuten

Kaufhaus des Westens (KaDeWe)
Das KaDeWe wurde 1907 unter dem Namen Kaufhaus des Westens in der aufstrebenden Berliner City-West eröffnet. Im Laufe seiner Geschichte gab es wechselnde Inhaber und

Kaufhaus des Westens (KaDeWe)

es wurde mehrmals erweitert. Im Zweiten Weltkrieg erlitt es starke Beschädigungen und wurde etwas verändert wiederaufgebaut. Das Kaufhaus des Westens ist mit rund 60.000 Quadratmetern Verkaufsfläche eines der größten Luxus-Warenhäuser Deutschlands. Seine Lebensmittel- und Feinkostabteilung in der 6. Etage ist eine sichere Rettungsstelle, wenn zuhause die Delikatessen ausgegangen sind.

Kaufhaus des Westens (KaDeWe), Tauentzienstraße 21, 10789 Berlin, ⟷ 500 Meter, 🕓 10 Minuten

Wittenbergplatz mit den Brunnen »Lebensalter« und »Tulpe«

Hohen Besuch erlebte der Wittenbergplatz am 30. März 2023, als König Charles III. und seine Königin-Gemahlin Camilla auf dem Wochenmarkt zwischen Marktbesuchern und Marktbeschickern ein Bad in der Menge nahmen. Der Wittenbergplatz erhielt seinen Namen nach der Schlacht bei

Brunnen »Lebensalter« und »Tulpe« am Wittenbergplatz

Wittenberg am 14. Januar 1814 während der Befreiungskriege, bei der die preußischen Truppen unter der Führung des Generals von Tauentzien gegen Napoleons Armee kämpften. Auf jeder Platzhälfte steht seit 1985 ein Brunnen des Künstlers Waldemar Grzimek (1918–1984). Beim Brunnen »Lebensalter« versammeln sich Menschen jeden Alters, auf dem Brunnen »Tulpe« fließt das Wasser über eine blütenähnliche Metallskulptur.

Wittenbergplatz mit den Brunnen »Lebensalter« und »Tulpe«, 10789 Berlin, ⟷ 450 Meter, 🕓 9 Minuten

Wo Effie Briest am Tiergarten wohnte

Im Roman »Effie Briest« von Theodor Fontane, erschienen 1895, zieht die junge Hauptfigur nach ihrer Scheidung in eine eigene Wohnung. Diese lag dem Autor zufolge im Grünen »zwischen dem Tiergarten und dem Zoologischen Garten«, sodass es möglich sei, »den Finkenschlag (zu) hören und die Papageien auch«. Es wurde eine Neubauwohnung: »... und als sie auf den breiten aufgemauerten Balkon hinaustrat, lag jenseits der Kanalbrücke der Tiergarten vor ihr, dessen Bäume schon überall einen grünen Schimmer zeigten. Darüber aber ein klarer blauer Himmel und eine lachende Sonne. Sie zitterte vor Erregung und atmete hoch auf. Dann trat sie, vom Balkon her, wieder über die Thürschwelle zurück, erhob den Blick und faltete die Hände. ›Nun, mit Gott, ein neues Leben! Es soll anders werden.‹« Effie Briest wohnte in der Keithstraße 1c bei der Corneliusbrücke, wo damals die Hausnummern begannen.

Effie Briest, Adresse im Roman: Keithstraße 1C,
10787 Berlin, ⟷ 550 Meter, 🕓 11 Minuten

Corneliusbrücke über den Landwehrkanal

Schillstraße

Die Bushaltestelle Schillstraße liegt in der Kurfürstenstraße, kurz bevor der Bus auf die Schillstraße einbiegt. Zur Urania mit ihren Bildungsveranstaltungen ist es von hier nicht weit. Die Umgebung bildet eine zweckmäßige Neubebauung, die nach Kriegsende die zerstörten historischen Gebäude schnell und preisgünstig ersetzte. Für die Gäste eines Hotels bietet die Haltestelle eine direkte Verbindung zum Bahnhof Zoologischer Garten. Baustellen auf beiden Seiten der Kurfürstenstraße deuten darauf hin, dass in absehbarer Zeit repräsentative Neubauten mit Büros und Läden das Gesicht und die Atmosphäre der Kreuzung verändern werden.

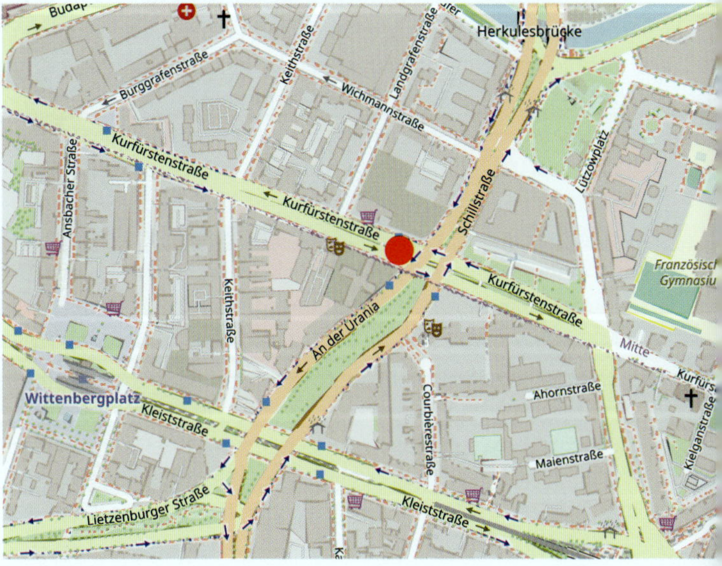

Bogen 124,5 Grad – Stahlskulptur auf dem Mittelstreifen

Auf dem begrünten Mittelstreifen vor der Urania steht ein großer Stahlbogen, eines der beiden Enden ragt bis zu 21 Meter in die Höhe. Der »Bogen 124,5°« oder »Arc 124,5°« ist ein Werk des französischen Bildhauers Bernar Venet (*1941). Der Titel der Skulptur bezieht sich auf seinen Kreisausschnitt von 124,5 Grad. Das Kreissegment mit einer Spannweite von 40 Metern liegt zwischen zwei Baumreihen. Das Kunstwerk wurde zur 750-Jahr-Feier Berlins als Geschenk Frankreichs und unter Mitwirkung der Air France verwirklicht und aufgestellt.

Bogen 124,5°, An der Urania 17, 10787 Berlin
⟷ 350 Meter, 🕓 7 Minuten

»Just Stop!« – Mahnmal als Bushaltestelle

An dem Wartehäuschen der Bushaltestelle Schillstraße informieren Fotografien und Texte über die »Kurfürstenstraße 115/116« in Berlin-Schöneberg. Unter dieser Adresse, auf deren Höhe sich die Haltestelle befindet, war 1939 die »Zentralstelle für jüdische Auswanderung Berlin« untergebracht, welche die Zwangsemigration Berliner Juden verantwortete. Ab Januar 1940 befand sich hier das sogenannte »Judenreferat« des Reichssicherheitshauptamtes unter der Leitung von Adolf Eichmann (1906–1962). Mit seinen Mitarbeitern des Referats IV B 4 organisierte er die Vertreibung und Deportation von Millionen europäischer Juden in die Konzentrations- und Vernichtungslager. Das historische Gebäude steht nicht mehr. Im Dezember 1998 wandelte der

Skulptur »Bogen 124,5 Grad«, Bushaltestelle Schillstraße

MAHN ORT
Information
BVG
MAHN ORT

Künstler und Fotograf Ronnie Golz das Wartehäuschen der Bushaltestelle in das Mahnmal »Just Stop!« um.

»Just Stop!« Mahnmal, Kurfürstenstraße 115/116,
10787 Berlin

Stele »Gegen das Vergessen«

Gegenüber der Urania befindet sich die internationale Stele »Gegen das Vergessen«. Sie wurde zum Gedenken an die weltweiten Opfer von HIV/AIDS, Hepatitis C und allen ansteckenden Krankheiten errichtet. Die Stele wurde am 30. Oktober 2010 am Berliner Zielpunkt des Welt-Aids-Tag-Trauermarsches eingeweiht. Sie trägt eine große »Rote Schleife«, das Symbol der Solidarität mit HIV-Infizierten, und eingraviert in 22 Sprachen: »Gegen das Vergessen«.

Stele gegen das Vergessen, An der Urania 22, 10787 Berlin
www.gedenktafeln-in-berlin.de
⟷ 400 Meter, 🕓 7 Minuten

Theater Kleine Nachtrevue

Das Theater Kleine Nachtrevue ist laut eigener Beschreibung ein Erotik-Theater mit »Burlesque-Theater, frechen Texten, spitzen Worten und eine Hochburg der fallenden Textilien«. Die farbenprächtigen erotischen Programme bieten mit ausgebildeten professionellen Künstlern eine Spannbreite von erotischem Theater bis zu Chanson.

Theater Kleine Nachtrevue, Kurfürstenstraße 116,
10787 Berlin, www.kleine-nachtrevue.de
⟷ 50 Meter, 🕓 2 Minuten

Urania Berlin

Urania – Kultur- und Bildungsverein

Die Straße An der Urania ist nach der für die Allgemeinheit offenen Kultur- und Bildungseinrichtung Urania benannt, die in der Straße ihren Sitz und ihre Veranstaltungsräume hat. Seit 1888 vermittelt die Urania in Vorträgen, Lesungen, Filmen und Diskussionen wissenschaftliche Erkenntnisse und kulturelle Inhalte. Die Namensgeberin war in der griechischen Mythologie die Muse der Astronomie, ein Fachgebiet, das zur Zeit der Gründung zu einem Hauptthema der Veranstaltungen zählte. Die Urania sieht ihre Aufgabe darin, vielseitiges Wissen breit zu streuen und kulturelle Teilhabe zu ermöglichen.

Urania, An der Urania 17, 10787 Berlin
⟷ 350 Meter, 🕓 7 Minuten

Lützowplatz

Auf den ersten Blick wirkt der Lützowplatz wie ein Rasen zwischen stark befahrenen Stadtstraßen. Abgesehen von der Seite am Landwehrkanal, ist der Platz von Häusern umgeben. Bei einem Spaziergang entpuppt er sich als Park mit Wegen, Bänken im Schatten großer Bäume, Spielplatz, Springbrunnen und Rosengärten. Man stößt auf Kunst aus unterschiedlichen Epochen wie eine naturalistische Bronzefigur von 1904, Menschenfiguren aus den 1980er Jahren und abstrakte Bildhauereien. Umfahren von Autos und Bussen, bildet der Lützowplatz eine grüne »Parkinsel« mitten im Berliner Stadtverkehr.

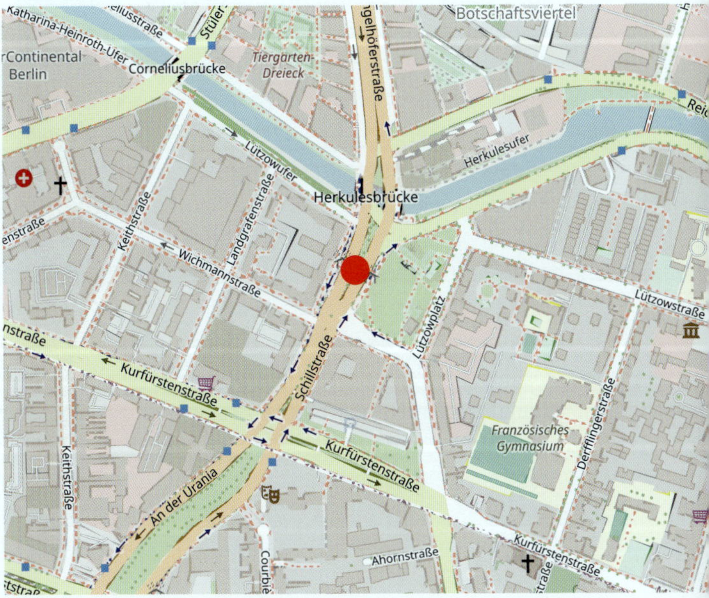

Haus am Lützowplatz – ein Kulturzentrum

Im Haus am Lützowplatz finden Ausstellungen, Vorträge, Diskussionen, Künstlergespräche und Lesungen statt. Es werden Werke von zeitgenössischen Künstlerinnen und Künstlern unterschiedlicher Medien wie Fotografie, Malerei oder Konzeptkunst gezeigt. Träger der Institution ist der 1960 gegründete Kunstverein Haus am Lützowplatz – Fördererkreis Kulturzentrum Berlin e. V. Wo vorher ein Fenster zur Straße war, wurde 1988 mit der künstlerisch gestalteten »Treppenskulptur« aus Edelstahl von Volkmar Haase (1930–2012) ein neuer Eingang geschaffen.

Haus am Lützowplatz, Lützowplatz 9, 10785 Berlin
www.hal-berlin.de, ⟷ 230 Meter, 🕓 4 Minuten

Bauhaus Archiv – Museum für Gestaltung

Das Museum mit den abgerundeten Shed-Dächern nach einem Entwurf des Bauhausgründers Walter Gropius (1883–1969) wurde 1979 der Öffentlichkeit übergeben. Einen Wettbewerb zur Erweiterung gewann 2015 der Berliner Architekt Volker Staab. Der Erweiterungsbau mit einem zentralen Turm soll voraussichtlich 2025 eingeweiht werden. Das Bauhaus (1919–33) gilt als eine der bedeutendsten Schulen für Gestaltung des 20. Jahrhunderts. Mit einem Archiv, einer Sammlung und Ausstellungen erforscht das Bauhaus-Archiv – Museum für Gestaltung seine Geschichte und Wirkung.

Bauhaus Archiv – Museum für Gestaltung
Klingelhöfer Straße 14, 10785 Berlin, www.bauhaus.de
⟷ 160 Meter, 🕓 4 Minuten

Lützowplatz, Bauhaus Archiv – Museum für Gestaltung

Konrad-Adenauer-Haus mit CDU-Bundesgeschäftsstelle

Konrad-Adenauer-Haus – CDU-Bundesgeschäftsstelle

Seit 2000 befindet sich die Bundesgeschäftsstelle der Partei Christlich Demokratische Union (CDU) im Konrad-Adenauer-Haus in Berlin. Der auffällige, an einen Dampfer aus Glas erinnernde Neubau wurde von dem Düsseldorfer Architekturbüro Petzinka, Pink und Partner entworfen und im Sommer 2000 eingeweiht.

Konrad-Adenauer-Haus (KAH), CDU-Bundesgeschäftsstelle, Klingelhöferstraße 8, 10785 Berlin, www.cdu.de
⟷ 200 Meter, 🕓 5 Minuten

Kunst auf dem Lützowplatz

Der Lützowplatz wurde Ende der 1860er Jahre angelegt und entwickelte sich ab 1871 zu einer großbürgerlichen Wohnlage mit repräsentativen Häusern. Konzipiert wurde er als Schmuckplatz, in seiner Mitte der 1903 eingeweihte Herku-

Skulpturen auf dem Lützowplatz

lesbrunnen, der nicht mehr vorhanden ist. In Erinnerung an die künstlerische Verbundenheit mit dem mythologischen Helden wurde 1967 die 1904 entstandene Skulptur »Herkules und der erymantische Eber« von Louis Tuaillon (1862–1919) aufgestellt. Die Bezwingung des Ebers, der in der Gegend um den Berg Erymanthos wütete, ist eine der herkulischen Heldentaten. Gegenüber dem Haus am Lützowplatz stehen und liegen die menschlichen Gestalten der Figurengruppe »Stehende und ruhende Gruppe« der Künstlerin Sabina Grzimek (*1942). Erwachsene und Kinder stehen oder liegen beisammen. Die Gruppe wurde auf Initiative der Galerie Poll 1995 aufgestellt. Bei der Bushaltestelle steht die Stahlskulptur »Huksos« des australischen Künstlers Erwin Fabian (1915–2020). Der Künstler und seine Familie wurden aufgrund ihrer jüdischen Abstammung von den Nationalsozialisten aus Deutschland vertrieben. Fabian schenkte seiner Heimatstadt die Skulptur, die 2018 gegenüber der Adresse

Stiftung Warentest am Lützowplatz

aufgestellt wurde, an der sich früher sein Elternhaus befunden hatte. Auf der Seite zum Landwehrkanal stehen drei abstrakte Skulpturen, die im Rahmen des »Bildhauersymposiums 1990« entstanden. Die Skulptur »9 x 90« von Ernest Altés (*1956) besteht aus vier rau belassenen Steinsäulen, auf denen Granitblöcke lagern. Bei der Skulptur »Plastisches Objekt« kombinierte Udo G. Cordes (*1947) eine Stahlstele und einen Granitblock, die nebeneinanderstehen und einen rechteckigen Durchblick freilassen. Bei dem Objekt »Torblock« stellte der Künstler Volker Bartsch (*1953) Granitblöcke dicht aneinander und fasste sie mit einer Eisenkappe.

Bildhauersymposium 1990
⟷ 140 Meter, ◷ 3 Minuten

Stehende und ruhende Gruppe
⟷ 160 Meter, ◷ 4 Minuten

Herkules und der erymantische Eber
⟷ 160 Meter, ◷ 4 Minuten

Stiftung Warentest

Am Lützowplatz ist seit 1966 die Stiftung Warentest in einem ehemaligen Verwaltungsbau des Konzerns Preussag von 1965 untergebracht. Die Stiftung wurde 1964 vom Deutschen Bundestag gegründet und gilt als Deutschlands bekannteste Testorganisation. Ihre Aufgabe ist die Prüfung von Produkten und Dienstleistungen nach wissenschaftlichen Methoden und die Veröffentlichung der Ergebnisse im Internet und in gedruckten Publikationen.

Stiftung Warentest, Lützowplatz 11–13, 10785 Berlin
www.test.de, ⟷ 230 Meter, ◷ 4 Minuten

Nordische Botschaften / Adenauer-Stiftung

An der Klingelhöferstraße entsteht der Eindruck, in einem Neubaugebiet am Waldrand gelandet zu sein. Doch es fehlen die Supermärkte, Ladengeschäfte und Restaurants, die eine Wohnsiedlung lebenswert machen. Stattdessen reihen sich zwischen Großem Tiergarten und Landwehrkanal an beiden Seiten der Klingelhöferstraße Botschafts- und Institutsgebäude aneinander, die mit ihrer kühlen Architektur Distanz einfordern. Und so steht ein Neubau am anderen, aufgereiht wie Perlen an einer Schnur. Man freut sich auf einen Spaziergang im Großen Tiergarten.

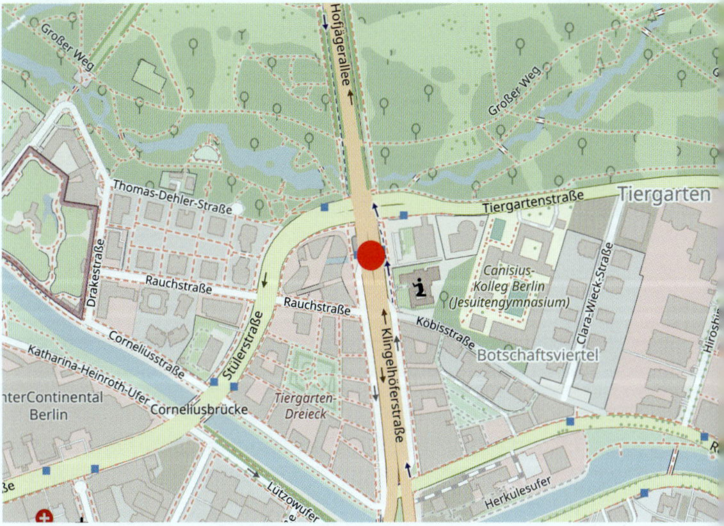

Café am Neuen See

Café am Neuen See – Restaurant, Biergarten und Bootsverleih

Das Café am Neuen See setzt die Tradition von Gaststätten und Kaffeehäusern am Südrand des Großen Tiergartens fort, die sich im 19. Jahrhundert großer Beliebtheit erfreuten. Bekannt wurden an der Hofjägerallee das Hofjägerrestaurant im Anwesen der ehemaligen Hofjäger oder das Kaffeehaus Moritzhof mit einem eigenen kleinen Park. Am Neuen See gab es einen Bootsverleih – und wo man auf freie Boote wartet oder nach einer Bootsfahrt noch gesellig beieinandersitzen möchte, ist eine Gaststätte nicht weit. Auch heute können beim Café am Neuen See, dessen Ursprünge als Kaffeehaus auf 1896 datiert werden, Ruderboote ausgeliehen werden. Nach dem Wiederaufbau in der Nachkriegszeit und mehrmaligen Veränderungen wurden das Café am Neuen See und der große Biergarten unter Bäumen zu Beginn der 2020er Jahre im Landhausstil modernisiert. Ein Ausflug in den Großen Tiergarten, im Biergarten eine Molle zischen und ein bisschen über den See rudern, das ist in Berlin gute alte Tradition.

Café am Neuen See, Lichtensteinallee 2, 10787 Berlin
www.cafeamneuensee.de, ⟷ 500 Meter, ◷ 10 Minuten

Denkmale in der Nähe

In der Ecke des Großen Tiergartens, welche die Hofjägerallee und die Stülerstraße bilden, steht an einem Teich die Figurengruppe »Das deutsche Volkslied« des Künstlers Louis Sussmann-Hellborn (1828–1908) von 1875. Die griechische Muse Polyhymnia lehrt ein Mädchen mit zwei langen Zöpfen, das als Allegorie des deutschen Volkslieds ge-

»Das Deutsche Volkslied«, Theodor Fontane

deutet wird, das Spiel auf der Leier. Der Bildhauer Max Klein (1847–1908) stellte beim »Fontane Denkmal« von 1910 den märkischen Schriftsteller Theodor Fontane (1819–1898) innehaltend dar, den Hut in der einen Hand, in der anderen einen Stock. Er scheint auf einer Wanderung durch die Mark Brandenburg zu sein. In der Idee eines »Gesamtdenkmals für Rosa Luxemburg und Karl Liebknecht« wurden 1987 zwei ästhetisch verwandte, aber räumlich getrennte Denkmale von dem Architektenehepaar Ralf Schüler (1930–2011) und Ursulina Schüler-Witte (*1933) gestaltet, die an die Ermordung der beiden Vertreter der Arbeiterbewegung erinnern. Unter der Lichtensteinbrücke wird mit dem Schriftzug »ROSA LUXEMBURG« auf einem bis ins Wasser reichenden Metallblock jener Ort markiert, an dem die Leiche der am 15. Januar 1919 ermordeten Rosa Luxemburg in den Landwehrkanal geworfen wurde. Zwischen Großer Weg und dem Ufer des Neuen Sees steht das Denkmal für Karl Liebknecht, dort, wo das Mitglied der Sozialdemokratischen Partei Deutschland am 15. Januar 1919 erschossen wurde. Der senkrechte Namenszug »KARL LIEBKNECHT« durch-

Denkmale Rosa Luxemburg, Karl Liebknecht

Richard Wagner

dringt einen runden Klinkerpfeiler. An der Tiergartenstraße befindet sich im Großen Tiergarten auf Höhe der Indischen Botschaft das marmorne Denkmal »Richard Wagner« von Gustav Eberlein (1901–1903). Der Komponist sitzt nachdenklich in einem Sessel und hat seine rechte Faust auf einen Stapel Notenblätter gelegt. Den Sockel umgeben Gestalten aus seinen Opern. Das Denkmal wurde am 1. Oktober 1903 im Rahmen eines großen gesellschaftlichen Ereignisses in Gegenwart des kaiserlichen Prinzen Eitel Prinz von Preußen enthüllt.

Das Deutsche Volkslied, ⟷ 75 Meter, 🕓 2 Minuten

Rosa Luxemburg, ⟷ 750 Meter, 🕓 15 Minuten

Karl Liebknecht, ⟷ 750 Meter, 🕓 15 Minuten

Richard Wagner, ⟷ 750 Meter, 🕓 15 Minuten

Konrad-Adenauer-Stiftung e.V.
Die Konrad-Adenauer-Stiftung e.V. (KAS) ist eine politische Stiftung, die ideell der CDU nahesteht. Sie unterhält Standorte in Deutschland und im Ausland, und hat seit 2005 ihren Hauptsitz in der Klingelhöferstraße. Bereits seit 1998 betreibt die Konrad-Adenauer-Stiftung in der Tiergartenstraße eine Akademie für politische Bildung. Das Veranstaltungsprogramm umfasst Themen aus Politik, Wirtschaft, Wissenschaft und Gesellschaft.

Konrad-Adenauer-Stiftung e.V., Politisches Bildungsforum Berlin, Klingelhöferstraße 23, 10785 Berlin, www.kas.de, ⟷ 50 Meter, 🕓 2 Minuten

Akademie der Konrad-Adenauer-Stiftung e.V. Tiergartenstraße 35, 10785 Berlin, www.kas.de
⟷ 50 Meter, 🕓 2 Minuten

Konrad-Adenauer-Stiftung

Nordische Botschaften mit Felleshus

Nordische Botschaften mit Kulturzentrum »Felleshus«

Zu den »Nordischen Botschaften« zählen die diplomatischen Vertretungen von Dänemark, Finnland, Island, Norwegen und Schweden, die sich zusammen mit dem kulturellen Zentrum »Felleshus« hinter einer grünen geschwungenen Lamellenwand gruppieren. Insgesamt sind in historischen Gebäuden oder Neubauten zwischen Tiergartenstraße, Landwehrkanal, Stauffenbergstraße und Lichtensteinallee 27 Botschaften und drei Landesvertretungen deutscher Bundesländer zu finden. Vor dem Zweiten Weltkrieg hatten sich in diesem Stadtteil so viele Botschaften angesiedelt, dass vom Botschafts- oder Diplomatenviertel gesprochen wurde. Doch das geteilte Berlin im Nachkriegsdeutschland war kein Ort mehr für Gesandte und Botschaften, weshalb diese an den Regierungssitz der Bundesrepublik in Bonn am Rhein zogen. Nach der Wiedervereinigung wurde das Viertel wieder als Wohngegend und neues Botschaftsviertel aufgebaut.

Nordische Botschaften mit »Felleshus«, Rauchstraße 1,
10787 Berlin, www.nordischebotschaften.org
⟷ 120 Meter, 🕒 3 Minuten

Wohnquartier Rauchstraße (IBA '87)

Eines der städtebaulichen Nachkriegsprojekte Berlins war, am Südrand des Tiergartens in Anlehnung an das frühere Diplomatenviertel wieder Wohnbebauung zu errichten. Im Rahmen der »Internationalen Bauausstellung 1987« wurden bis 1984 an der Rauchstraße sechs einzelnstehende Stadtvillen als Geschosswohnungsbauten und ein Torgebäude mit insgesamt 239 Wohnungen errichtet. Die Funktion der Gärten der früheren Villenbebauung wurde mit einer gemeinschaftlichen Grünanlage wieder aufgenommen. Den Tordurchgang zum großen begrünten Innenhof, der einem Park gleicht, schmückt eine Skulptur des Architekten und Bildhauers Rob Krier (1938–2023). Auf einer stabilen Säule ruht ein kräftiger Männertorso, der sein Gesicht von einer goldenen Maske befreit. Die Häuser, die nach einem Gesamtkonzept erstellt wurden, stammen von den Architekturbüros von Rob Krier, Aldo Rossi, Nielebock + Partner, Giorgio Grassi, Brenner + Tonon, Valentiny + Hermann und Hans Hollein.

Wohnquartier IBA 1987, Rauchstraße, 10787 Berlin
⟷ 230 Meter, 🕒 5 Minuten

Stadtvillen im Wohnquartier Rauchstraße

100 S+U Alexanderplatz
4511
BERLIN
SCANIA
B V 4511

Großer Stern

Auf der Siegessäule hält die goldglänzende Siegesgöttin Viktoria einen Lorbeerkranz in die Höhe. Unter ihr braust der Verkehr. Fünf Straßen treffen am Kreisverkehr des Großen Sterns aufeinander, zweimal die Straße des 17. Juni und gegenüber der Hofjägerallee die Altonaer Straße und der Spreeweg. Obwohl er nicht in seiner Mitte liegt, bildet der Große Stern das Zentrum des Großen Tiergartens. Es ist eine Besonderheit, dass sich einer der verkehrsreichsten Kreisverkehre der Stadt mit täglich rund 180.000 Autos im großen Stadtpark befindet, mitten in der grünen Lunge Berlins. Da heißt es, tief Luft holen!

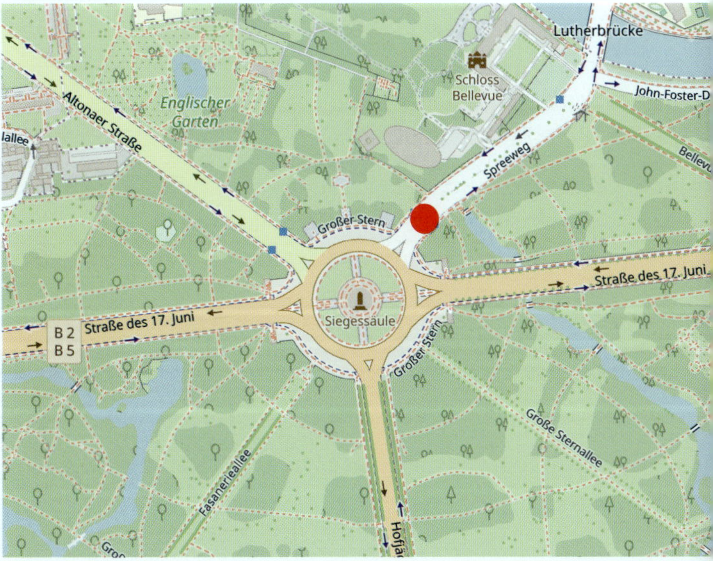

Denkmale am Großen Stern

Zwischen Spreeweg und Altonaer Straße stehen drei große Denkmale für Persönlichkeiten aus dem 19. Jahrhundert, die sich ursprünglich vor dem Reichstagsgebäude befanden und 1939 hierher versetzt wurden. Das zurückversetzt im Park stehende monumentale Bismarck National Denkmal wurde 1901 von Reinhold Begas (1831–1911) für den ersten deutschen »Reichskanzler Otto von Bismarck« (1815–1898) im Stil des Neobarocks geschaffen. Figuren und Gestalten am Sockel unterstützen die damals vorherrschende Heroisierung Bismarcks. Das »Denkmal für Helmuth von Moltke« schuf Joseph Uphues (1850–1911) im Jahr 1904. Moltke (1800–1891) war ein deutscher Generalfeldmarschall mit Verdiensten um die Einigung Deutschlands zu einem Nationalstaat im 19. Jahrhundert. Harro Magnussen (1861–1908) schuf ebenfalls 1904 die Bronzeplastik »Denkmal für Albrecht von Roon«. Roon (1803–1879) war ein deutscher Generalfeldmarschall und Heeresreformer und hatte seit 1859 als Kriegsminister im 19. Jahrhundert wesentlichen Anteil am Erfolg Preußens in den Deutschen Einigungskriegen.

Denkmal für Albrecht von Roon
⟷ 170 Meter, 🕓 3 Minuten

Denkmal für Reichskanzler Otto von Bismarck
⟷ 190 Meter, 🕓 4 Minuten

Denkmal für Helmuth von Moltke
⟷ 210 Meter, 🕓 5 Minuten

Otto von Bismarck, Albrecht von Roon, Helmuth von Moltke

BISMARCK

MOLTKE

ROON

GRIPS Theater – Kinder- und Jugendtheater

GRIPS Theater – das bekannteste Kinder- und Jugendtheater Berlins

Im U-Bahnhof Hansaplatz hat das GRIPS Theater seine Spielstätte. Die Gründung des »GRIPS« geht auf das Jahr 1966 zurück, als das »Reichskabarett« unter der Leitung von Volker Ludwig Stücke für Kinder spielte. Als neue Idee entstanden Stücke, die einen direkten Bezug zur kindlichen Lebenswelt herstellten. Eines der bekanntesten ist das Musiktheater »Linie 1«. Der U-Bahnhof Hansaplatz liegt im Hansaviertel, das 1955 bis 1960 als Siedlung mit moderner Architektur und neuer Stadtplanung erbaut wurde.

GRIPS Theater, Altonaer Straße 22, 10557 Berlin
www.grips-theater.de, ⟷ 850 Meter, ◷ 9 Minuten

Großer Tiergarten – der Stadtpark im Zentrum Berlins

Der Stadtpark Großer Tiergarten gilt als die »grüne Lunge« im Zentrum Berlins. Vom Brandenburger bis zum Charlottenburger Tor ist er circa 3,2 Kilometer lang, an der breitesten Stelle misst er rund einen Kilometer. In seinen Anfängen war er ein Waldgebiet vor den Festungsmauern, die zum

Schutz der Häuser und des Berliner Schlosses errichtet worden waren. Der Wald war das herrschaftliche Jagdgebiet vor der Haustür des Kurfürsten. Im Zuge von Stadterweiterungen wurde die Fläche immer kleiner. Als Ersatz legte sich der Kurfürst einen zusätzlichen Tiergarten zu, von dem der Park Kleiner Tiergarten in Moabit übrigblieb. Wahrscheinlich im 15. Jahrhundert wurde der Wald zum höfischen Jagdvergnügen als Tiergarten angelegt, wobei mit »Tiere« Jagdwild gemeint ist. Zu Beginn des 17. Jahrhunderts wurde er mit einem Zaun umgeben, damit die gehaltenen Tiere nicht entweichen konnten. Für die Durchführung der Jagd wurden durch den Wald schnurgerade Wege gezogen. Das Interesse für den Großen Tiergarten als Jagdgebiet war nicht bei jedem Herrscher vorhanden. Kurfürst Friedrich III. (1688–1713) ließ für seine Gemahlin das Charlottenburger Schloss erbauen und als schnelle Verbindung vom Berliner Stadtschloss dorthin eine gerade Schneise durch

Stadtpark Großer Tiergarten

den Tiergarten schlagen, die heutige Straße des 17. Juni. Mit den üblichen schweren Kutschen dauerte die Reise auf den Sandwegen Stunden, weshalb auf halber Strecke als Rastplatz der Große Stern angelegt wurde. Unter Friedrich dem Großen (1740–1786) wurde der Große Tiergarten in einen parkähnlichen Wald umgestaltet. Eine weitere bedeutende Parkplanung erhielt der Große Tiergarten im 19. Jahrhundert durch den Gartenbaumeister Peter Joseph Lenné (1789–1866). Die Umwandlung in einen erholsamen Waldpark lockte am Süd- und Nordrand Gastronomie an und der Große Tiergarten wurde für Ausflüge, Spaziergänge und Kutschenfahrten sehr beliebt. Der Große Tiergarten in seiner heutigen Ausdehnung lag außerhalb der Stadtmauer Berlins, die in ihrer letzten Form die Funktion einer Akzisemauer hatte, an deren Toren, wie dem Brandenburger Tor, Zölle und Abgaben erhoben wurden. Die Akzisemauer wurde in den 1860ern abgerissen und der Park begann plötzlich wie ein Vorgarten vor den Häusern Berlins. Vor allem während des Zweiten Weltkrieges und in den Jahren danach litt der Große Tiergarten erheblich, da seine Bäume vom Krieg fast vollständig verwüstet waren und die Berliner in der Not mit Blick auf die Reichstagsruine Kartoffeln anbauten. Im kahlen Tiergarten erfanden die hungernden Berliner eine Form des Nutzgartens, die Jahrzehnte später unter anderen Vorzeichen als Guerilla Gardening und Urban Gardening wieder aufkommen sollte. Bei seinem Wiederaufbau und der Neubepflanzung in den 1950ern lehnte man sich an die alte Konzeption des Großen Tiergartens an – mit Wäldern, Lichtungen, Wiesen, Gewässern, Seen und verschlungenen Wegen, die Besucherinnen und Besucher heute so schätzen.

Großer Tiergarten, Straße des 17. Juni, 10557 Berlin
⟷ 50 Meter, 🕓 2 Minuten

»Eberjagd in der Renaissancezeit«, »Alemannische Wisentjagd«, »Fuchsjagd zur Kaiserzeit« und »Hasenhatz zur Rokokozeit«

Jagdskulpturen in der Fasanerieallee

Die Fasanerieallee geht vom Großen Stern in Richtung Café am Neuen See. Früher eine befahrene Straße, ist sie inzwischen eine Fußgängerpromenade. Bekannt wurde die Allee durch ihre großen Jagdskulpturen von 1904, die im Kontext des Hubertusbrunnens aufgestellt wurden, der sich am Großen Stern befand. Auf Sockeln stehen eine »Eberjagd in der Renaissancezeit (um 1500)« von Karl Begas (1845–1916), eine »Fuchsjagd zur Kaiserzeit« von Wilhelm Haverkamp

(1864–1929), eine »Hasenhatz zur Rokokozeit« von Max Baumbach (1859–1915) und eine »Alemannische Wisentjagd« von Fritz Schaper (1841–1919).

Eberjagd in der Renaissancezeit (um 1500)
⟷ 600 Meter, 🕓 12 Minuten

Alemannische Wisentjagd, ⟷ 600 Meter, 🕓 12 Minuten

Fuchsjagd zur Kaiserzeit, ⟷ 800 Meter, 🕓 16 Minuten

Hasenhatz zur Rokokozeit, ⟷ 800 Meter, 🕓 16 Minuten

Siegessäule auf dem Großen Stern

Bevor die Siegessäule auf dem Großen Stern aufgestellt wurde, stand sie vor dem Reichstagsgebäude auf dem Königsplatz. Feierlich enthüllt wurde sie am 2. September 1873 im Beisein von Kaiser Wilhelm I. zur Erinnerung an die Einigungskriege, an deren Ende das Deutsche Kaiserreich entstand. Drei Segmente der 60,50 Meter hohen Siegessäule wurden mit erbeuteten Kanonenrohren verziert, auf der Spitze stand die 8,32 Meter große Skulptur der römischen Siegesgöttin Viktoria von Friedrich Drake (1805–1882). Zusammen mit den Denkmalen für Bismarck, Roon und Moltke wurde die Siegessäule 1939 von den Nationalsozialisten an den Großen Stern versetzt. Für eine größere Wirkung wurde sie um eine vierte Säulentrommel erhöht. Der Sockel ist verkleidet mit vier bronzenen Reliefs mit Darstellungen von Schlachten der Einigungskriege und dem Relief »Einzug der Truppen in Berlin«, der Heimkehr der Sieger. Im Inneren führt eine Wendeltreppe zur Aussichtsplattform hinauf. Über zwei unterirdische Tunnel gelangt man gefahrlos auf die große Verkehrsinsel.

Siegessäule, Teehaus im Englischen Garten

Siegessäule, Großer Stern, 10557 Berlin
⟷ 150 Meter, 🕓 4 Minuten

Teehaus im Englischen Garten
Im Englischen Garten lädt das mit einem Reetdach gedeckte »Teehaus im Englischen Garten« mit einer Sommerterrasse ein. Auf Vorschlag des britischen Stadtkommandanten Berlins wurde an der Altonaer Straße Anfang der 1950er Jahre ein Bereich des Großen Tiergartens als Englischer Garten mit einem Landhaus angelegt. Unterstützt wurde das Vorhaben durch über 5.000 Baumspenden aus den Privatgärten des englischen Königs und von britischen Bürgern.

Teehaus im Englischen Garten, Altonaer Straße 2
10557 Berlin, ⟷ 400 Meter, 🕓 8 Minuten

100 S+U Zoologischer Garten
5434
B V 5434

Schloss Bellevue

Abgeschirmt durch einen schmiedeeisernen Zaun, Kameras und Wachpersonal geht der Bundespräsident im Schloss Bellevue seinen Amtsgeschäften nach. Wenn er in Berlin weilt, wird auf dem Dach die Deutschlandfahne gehisst. Allerdings heißt das nicht, dass er sich im Schloss aufhält. Gleich bei der Bushaltestelle steht ein feuerroter Brandmelder aus den Anfangsjahren des 20. Jahrhunderts. Insgesamt elf dieser Brandmelder soll es noch geben, alle sind außer Betrieb. Macht nichts: Bei einem Brand ruft heutzutage der Bundespräsident mit seinem Diensthandy die Feuerwehr an – falls auf dem Dach von Schloss Bellevue die Standarte weht und er gerade kein Homeoffice macht.

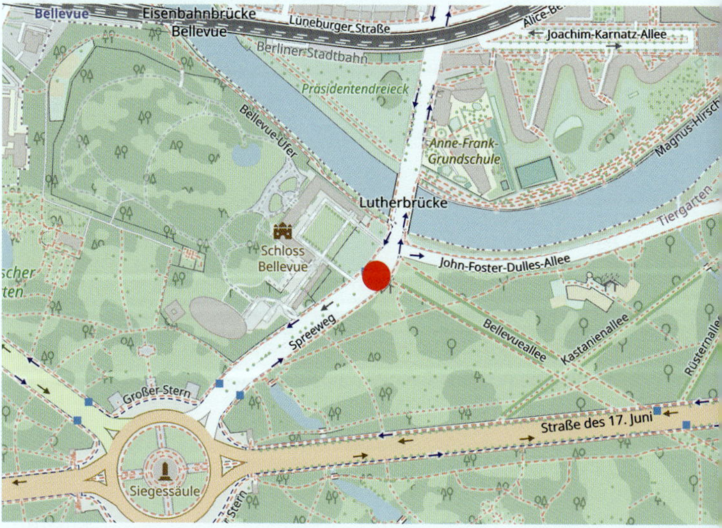

Denkzeichen »Calla«

Calla – Denkzeichen der Homosexuellen Bewegung

Das Denkmal »Calla« erinnert an die erste homosexuelle Emanzipationsbewegung. Sechs Blüten der Calla in den Farben des Regenbogens blühen auf vier Meter hohen, grünen Stielen. Callas haben weibliche und männliche Blüten auf einer Pflanze, wodurch sie ein Symbol für die Vielfalt sexueller Identitäten sind. Eine postgraduale Studentengruppe der UdK entwickelte 2017 das Denkmal, das sich auf der anderen Seite der Spree am Magnus-Hirschfeld-Ufer befindet. In der Nähe errichtete Magnus Hirschfeld 1919 das Institut für Sexualwissenschaft, das 1933 von den Nationalsozialisten mehrfach geplündert wurde. Im selben Jahr wurde der Jude Magnus Hirschfeld enteignet und der Betrieb des Instituts musste eingestellt werden.

Calla, Magnus-Hirschfeld-Ufer, 10557 Berlin
⟷ 500 Meter, 10 Minuten

Schloss Bellevue – Amtssitz des Bundespräsidenten
Zwischen Großem Stern und Spree liegt das Schloss Bellevue, der Amtssitz des Bundespräsidenten. Das französische »Bellevue« bedeutet »Schöne Aussicht«. Zur Zeit seiner Erbauung 1785/86 gab es vom Schloss eine weite Aussicht in die Parklandschaft, bei gutem Wetter soll sogar die Kuppel des Charlottenburger Schlosses erkennbar gewesen sein. Vom Schloss Bellevue zieht sich die gerade Bellevueallee bis zum Potsdamer Platz. Die früher befahrbare Allee ist heute eine Fußgängerpromenade durch den Park. Die klassizistische Dreiflügelanlage mit einem Schlosspark wurde als Sommerresidenz für den preußischen Prinzen August Ferdinand erbaut. Danach erfuhr das Schloss mehrere Umbauten, Besitzer- und Nutzungswechsel. Im Zweiten Welt-

Schloss Bellevue

krieg wurde es schwer beschädigt und in den 1950er Jahren wiederaufgebaut. Schon damals war es für den Bundespräsidenten neben der Villa Hammerschmidt in Bonn zu einem weiteren Amtssitz an der Spree geworden. Seit 1994 ist das Schloss Bellevue der alleinige Amtssitz des deutschen Bundespräsidenten.

Schloss Bellevue, Spreeweg 1, 10557 Berlin
⟷ 50 Meter, 🕓 2 Minuten

Spree – der Fluss durch Berlin
Dem Fluss Spree verdankt Berlin die Siedlungen Berlin und Cölln, die im 12. Jahrhundert an ihren Ufern bei der Spreeinsel entstanden und die Keimzelle für die spätere Stadt bildeten. Der Spreeweg, an dem das Schloss Bellevue liegt, geht bis zur Lutherbrücke, die über die Spree führt. Früher ging er weiter am Ufer entlang, bis 1959 die Uferstrecke in John-Foster-Dulles-Allee umbenannt wurde – nach dem amerikanischen Außenminister John Foster Dulles (1888–1959). Die Spree ist etwa 400 Kilometer lang, davon sind rund 180 Kilometer schiffbar. An ihrem Oberlauf wird sie von einem Quellbach aus Kottmar und zwei Quellbächen aus Ebersbach-Neugersdorf in der Oberlausitz gebildet. Sie fließt durch Berlin und mündet in Spandau in die Havel, die das Spreewasser zur Elbe mitnimmt.

Lutherbrücke über die Spree, 10557 Berlin
⟷ 70 Meter, 🕓 3 Minuten

Blick von der Lutherbrücke über die Spree

Haus der Kulturen der Welt

Früher fuhr der »Bus 100« in einer Schleife bis vor den überdachten Eingang des Hauses der Kulturen der Welt, heute hält er an der John-Foster-Dulles-Allee. Man steigt aus und fühlt sich wie irgendwo auf einer abgeschiedenen Straße in einem brandenburgischen Wald. Die Stadt scheint weit weg zu sein. Das Haus der Kulturen der Welt versteckt sich gekonnt hinter einem Gebüsch. Ganz anders ging es hier am halbsternförmigen Zeltenplatz bis in die 1940er Jahre zu: Cafés und Biergärten unter Bäumen und eine Schiffsanlegestelle am Ufer der Spree bildeten ein beliebtes Ausflugsziel, damals steppte hier der Berliner Bär.

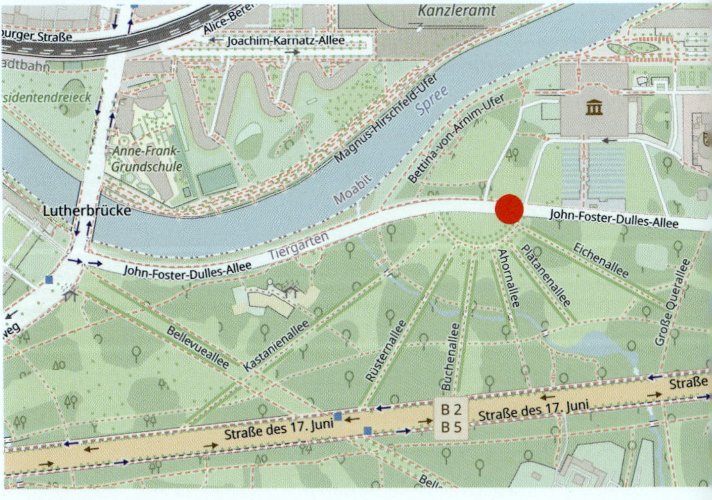

Carillon – der Glockenspielturm in Berlin

Rechts vom Haus der Kulturen der Welt steht das Carillon, ein 42 Meter hoher Turm mit einem Glockenspiel. Es ist das größte dieser Art in Europa. Das Carillon wurde in Erinnerung an die im Krieg zerstörten Glockenspiele der Potsdamer Garnisonskirche nach Plänen der Architekten Bangert, Jansen, Scholz und Schultes errichtet und zur 750-Jahr-Feier Berlins 1987 eingeweiht. Das Instrument enthält 68 Glocken in einem Tonumfang von fünfeinhalb Oktaven, die täglich um 12 und 18 Uhr für jeweils fünf Minuten computergesteuert in Betrieb gesetzt werden. Bei gratis Glockenspielkonzerten klassischer Werke wie von Bach, Händel oder Mozart oder populärer Musik wie von den Beatles, Cohen oder Piazzolla spielt der Carillonneur das Glockenspiel ähnlich wie bei einer Orgel auf einer Tastatur. In den warmen Monaten sind an Sonntagen die Konzerte mit dem Glockenspiel zu hören.

Carillon, John-Foster-Dulles-Allee 10, 10557 Berlin
www.carillon-berlin.de, ⟷ 300 Meter, 🕓 6 Minuten

Haus der Kulturen der Welt (HKW)

Im Haus der Kulturen der Welt (HKW) werden vielfältige Kunst und Kultur aus aller Welt präsentiert – in Form von Ausstellungen, Konzerten und Theateraufführungen. Ein Schwerpunkt liegt auf der Darstellung und der Auseinandersetzung mit nichteuropäischen Kulturen und Gesellschaften. Das als Kongresshalle errichtete Gebäude war der amerikanische Beitrag zur Internationalen Bauausstellung Interbau 1957. Bei dem modernistischen Entwurf des amerikanischen Architekten Hugh Stubbins sollte die geschwungene Form des Daches Freiheit und Demokratie vermitteln. Das Gebäude gilt als architektonische Ikone der Nachkriegsmoderne. Wegen Materialermüdung stürzte

Glockenspielturm Carillon

Haus der Kulturen der Welt, »Large Divided Oval:Butterfly«

am 21. Mai 1980 das überstehende Außendach ein. Nach Sanierung und Umbau wurde die Kongresshalle 1987 zur 750-Jahr-Feier Berlins wiedereröffnet. Eine weitere Überholung des Hauses erfolgte 2019. Seit seiner Gründung 1989 hat das Haus der Kulturen der Welt seinen Sitz in dem Kunst- und Kulturzentrum. Auf seiner Rückseite mit Blick zur Spree bewirtet die »Weltwirtschaft« ihre Gäste mit Terrasse und Biergarten bei einem Schiffsanleger für Fahrgastschiffe.

Haus der Kulturen der Welt, John-Foster-Dulles-Allee 10
10557 Berlin, www.hkw.de, ⟷ 250 Meter, ◷ 5 Minuten

Kunst in der Nähe vom Haus der Kulturen der Welt

Vor dem Haus der Kulturen der Welt liegt in einem Wasserbecken die golden glänzende Skulptur »Large Divided Oval: Butterfly« von Henry Moore (1898–1986) aus dem Jahr 1986. Die abstrakte Skulptur ist knapp sieben Meter breit und gut vier Meter hoch. Auf der Schnittfläche eines ovalen Körpers deuten geschwungene und gewölbte Formen die Flügel eines Schmetterlings an. Zwischen dem Haus der Kulturen der Welt und dem Platz der Republik stehen – als Hinterlassenschaften vom »Bildhauersymposium 1961–1963« – abstrakte Steinskulpturen deutscher und internationaler Künstler, die ihre Kunstwerke als Symbole gegen Krieg und Gewalt auffassten. Mit der künstlerischen Aktion reagierten die Künstler aus sieben europäischen Ländern, Japan und Israel auf die Errichtung der Berliner Mauer am 13. August 1961. An der John-Foster-Dulles-Allee öffnet sich zum Großen Tiergarten der halbkreisförmige Großfürstenplatz mit dem »Tritonbrunnen« des Künstlers Joseph von Kopf

Skulpturen vom »Bildhauersymposium 1961–1963«

Tritonbrunnen

(1827–1903) von 1888. Die griechische Meeresgottheit hält einen Fisch in die Höhe, aus dessen Maul ein Wasserstrahl senkrecht nach oben spritzt. In einem Halbkreis stehen auf Sockeln allegorische Figuren für die Flüsse Weichsel, Oder, Rhein und Elbe, die im 19. Jahrhundert alle noch in Deutschland flossen. Der Platz wurde bereits 1776 auf Veranlassung des Erbauers des Schlosses Bellevue, Prinz August Ferdinand von Preußen (1730–1813), angelegt. Zur Verlobung des Großfürsten Paul von Russland mit Prinzessin Sophie Luise von Württemberg am 25. Juli desselben Jahres veranstaltete der Bruder des Königs von Preußen in dieser abgeschiedenen Idylle am Flussufer ein Fest.

Large Divided Oval: Butterfly, ⟷ 110 Meter, ◷ 3 Minuten

Tritonbrunnen, ⟷ 280 Meter, ◷ 5 Minuten

Bildhauersymposium 1961–1963
⟷ 350 Meter, ◷ 7 Minuten

TIPI am Kanzleramt

TIPI am Kanzleramt – das größte Theaterzelt Europas

Zwischen dem Haus der Kulturen der Welt und dem Bundeskanzleramt werden im Theaterzelt Tipi am Kanzleramt in Clubatmosphäre Chanson, Cabaret, Konzerte, Musicals oder Varieté präsentiert. Das »Tipi« gilt als größte europäische Zeltbühne. Mit Blick auf das Bundeskanzleramt bewirtet das Theaterrestaurant seine Gäste im Sommer auf einer großen Terrasse. Das »Tipi« mit Standort am Bundeskanzleramt besteht seit 2002. Vor ihm hatte hier über Jahre das Veranstaltungszelt »Tempodrom« mit einem tendenziell alternativen Programm aufgeschlagen, das Bundeskanzler Helmut Kohl als Sicherheitsrisiko für das Bundeskanzleramt empfand, sodass das »Tempodrom« das Feld räumen musste. Zwei Jahre nach dem Ende der Kanzlerschaft Helmut Kohls durfte das Theaterzelt Tipi am Kanzleramt seine Heringe in den Berliner Boden klopfen.

Tipi am Kanzleramt, Große Querallee, 10557 Berlin
www.tipi-am-kanzleramt.de, ⟷ 300 Meter, 🕓 5 Minuten

DEM DEUTSCHEN VOLKE

Platz der Republik

So groß wie sechs Fußballfelder breitet sich der Platz der Republik vor dem Reichstagsgebäude aus. Auf seinem Rasen wird Frisbee gespielt und sich gesonnt, werden Kundgebungen abgehalten und sehr viele Selfies mit dem Reichstagsgebäude geknipst. An seiner Spreeseite zieht sich das Band des Bundes entlang, eine Reihe von Gebäuden des Regierungsviertels. Von der Bushaltestelle, wo die Heinrich-von-Gagern-Straße, die Scheidemannstraße und die Yitzhak-Rabin-Straße eine Kreuzung bilden, springt einem als erstes das Bundeskanzleramt mit seinem runden Fensterbogen ins Auge, der für Erhellung im Kanzleramt sorgt.

Bundeskanzleramt

Band des Bundes – Regierungsbauten in einer Reihe

Das »Band des Bundes« besteht aus einer Aneinanderreihung von Regierungsbauten in einer geraden Linie. Es beginnt mit dem »Kanzlergarten«, von dem der Kanzleramtssteg über die Spree zum Kanzleramt führt. Im Kanzlergarten soll der Erweiterungsbau des »Bundeskanzleramts« errichtet werden, dem Sitz und Dienstgebäude des Bundeskanzlers der Bundesrepublik Deutschland. Das Kanzleramtsgebäude mit einsehbarem Ehrenhof, in dem die Stahlskulptur »Berlin« von Eduardo Chillida steht, wurde 2001 eingeweiht. Nach einem unbebauten Zwischenstück mit Wasserfontänen, auf dem das »Bürgerforum« hätte errichtet werden sollen, schließt sich das »Paul-Löbe-Haus« an. Es ist benannt nach dem letzten demokratischen Reichstagspräsidenten der Weimarer Republik. Neben Abgeordnetenbüros sind im Paul-Löbe-Haus Arbeitsbereiche wie Ausschüsse, Öffentlichkeitsarbeit und die zentrale Besucherbetreuung des Deutschen Bundestages zuhause. Auf der anderen Seite der Spree beendet das »Marie-Elisabeth-Lüders-Haus«

Paul-Löbe-Haus

Steg vom Paul-Löbe-Haus zum Marie-Elisabeth-Lüders-Haus

das Band des Bundes. Marie-Elisabeth Lüders war sowohl Reichstags- als auch Bundestagabgeordnete, die sich frauenpolitischen und sozialen Fragen widmete. Mit Bibliothek, Archiv, Parlamentsdokumentation, Pressedokumentation und den Wissenschaftlichen Diensten ist das Marie-Elisabeth-Lüders-Haus das Informations- und Dienstleistungszentrum des Parlaments. Mit diesem Brückenschlag über die Spree verbinden die Regierungsbauten symbolisch die beiden ehemals getrennten Stadthälften Berlins. Die hochgelegene Fußgängerbrücke, die vom Paul-Löbe-Haus zum Marie-Elisabeth-Lüders-Haus führt, wurde als »höhere Beamtenlaufbahn« bekannt.

Band des Bundes, ⟷ 350 Meter, 🕓 7 Minuten

Bundeskanzleramt mit »Berlin« von Eduardo Chillida
⟷ 350 Meter, 🕓 7 Minuten

Paul-Löbe-Haus, ⟷ 500 Meter, 🕓 10 Minuten

Marie-Elisabeth-Lüders-Haus, ⟷ 850 Meter, 🕓 19 Minuten

Platz der Republik mit Reichstagswiese

Der Platz der Republik liegt vor dem Reichstagsgebäude, das von 1884 bis 1894 errichtet wurde. Mit seiner Wiese, den Heckenrabatten und Baumgruppen überspringt er die Heinrich-von-Gagern-Straße und dehnt sich mit einem fließenden Übergang in den Großen Tiergarten aus. Bereits um 1730 war außerhalb der Stadtmauer ein Exerzierplatz angelegt worden, zu dem die Soldaten durch das Brandenburger Tor marschierten. Nach 1860 wurde er als Stadtplatz umgestaltet und 1864 als der Königsplatz angelegt, auf dem 1873 die Siegessäule aufgestellt wurde, die 1938 zum Großen Stern umzog. Zur Spree hin dehnte sich das dichtbebaute

Platz der Republik mit Reichstagsgebäude

Alsenviertel aus, von dem nur noch gegenüber dem Bundeskanzleramt die Schweizerische Botschaft übriggeblieben ist. An der westlichen Seite des Platzes stand das große Theatergebäude der Kroll-Oper. Nachdem die Monarchie abgeschafft worden war, wurde in der Weimarer Republik der Königsplatz in Platz der Republik umbenannt, die Nationalsozialisten benannten ihn 1933 wieder zurück. Nachdem Ende des Kriegs erhielt er 1948 wieder seinen einstigen Namen. Die Platzgestaltung mit dem großen Rasen, auch als Reichstagswiese bekannt, und seitlich aus dem Tiergarten »eindringenden« Bäumen, wurde nach der Wiedervereinigung realisiert.

Platz der Republik
⟷ 50 Meter, 🕓 2 Minuten

100 S+U Zoologischer Garten
4967
BERLIN
CITARO
B V 4967

Reichstag / Bundestag

Zu den angesagtesten Bushaltestellen der Linie 100 zählt die Haltestelle am Reichstagsgebäude, dem Sitz des Deutschen Bundestages. Das ganze Jahr über herrscht hier ein internationales Menschengewimmel. Reisegruppen, Schulklassen und Touristen, die mit dem Bus, zu Fuß, per Leihfahrrad oder E-Scooter ankommen, möchten ihren Berlinbesuch mit einem Foto vom »Reichstag« krönen oder ein Ticket zum Besuch der Reichstagskuppel ergattern. Die einen haben nach ihrem persönlichen Marathon zu den Sehenswürdigkeiten Berlins endlich ihr Ziel erreicht, die andern lauschen der Lautsprecherdurchsage im Bus und machen sich für die Landung am »Reichstag« bereit.

Das Reichstagsgebäude – Sitz des Deutschen Bundestags

Nach langen Umbauarbeiten und der ersten Sitzung des Bundestages am 19. April 1999 mit der symbolischen Schlüsselübergabe an den Bundestagspräsidenten wurde in der nachfolgenden Zeit das umgangssprachlich als »Reichstag« bezeichnete Parlamentsgebäude von der Bevölkerung wie ein offenes Haus wahrgenommen. Es kursierte der Geheimtipp, von der Glaskuppel den Sonnenuntergang über dem Großen Tiergarten zu erleben und anschließend im Restaurant auf der Dachterrasse zu Abend zu essen. Die Warteschlangen waren kurz, manchmal konnte man unverzüglich den Aufzug nach oben betreten. Später reichte die Warteschlange schon mal rüber bis zur Straße, aber es ging immer zügig voran. Schon der Blick von der Freitreppe über die Reichstagswiese, auf der fast immer Fußball gespielt wurde, zum Bundeskanzleramt, machte Lust auf die Aussicht von der Dachterrasse. Doch die Weltlage erforderte immer schärfere Sicherheitsmaßnahmen – und so ging die große Freiheit vorüber. Zu einer noch besseren Abschottung des Reichstagsgebäudes sind ein neues Besucherzentrum, eine Absperrung mit Zäunen und ein breiter Schutzgraben geplant. Nachdem vor Jahren ein Auto die Rampe zum Abgeordneteneingang am Friedrich-Ebert-Platz hochfuhr, ist die Abkürzung vom Brandenburger Tor zur Spree gesperrt.

Das Reichstagsgebäude wurde von 1884 bis 1894 nach den Plänen von Paul Wallot als Regierungssitz für das Deutsche Kaiserreich erbaut, das 1871 proklamiert worden war und Berlin zu seiner Hauptstadt bestimmte. Nach Ende der Monarchie 1918 tagte von 1920 bis 1933 das Parlament der Weimarer Republik im Reichstagsgebäude. Im Zweiten Weltkrieg wurde der Bau schwer beschädigt, seine demolierte Kuppel musste aus statischen Gründen sogar gesprengt werden. Ein Umbau wurde in den 1960er Jahren

Reichstagsgebäude mit Spree-Ufer

Hauptportal des Reichstagsgebäudes am Platz der Republik

durch den Architekt Paul Baumgarten vorgenommen. In den folgenden Jahren diente das Gebäude als Museum über den Bundestag und seine eigene Geschichte. Nach dem Fall der Mauer fand die erste Sitzung des aus Bundestag und Volkskammer zusammengesetzten gesamtdeutschen Parlaments am 4. Oktober 1990 im Plenarsaal des Reichstagsgebäudes statt. Knapp drei Monate später folgte die erste konstituierende Sitzung des gesamtdeutschen Bundestages. Am 20. Juni 1991 wurde für Berlin als zukünftigen Regierungssitz abgestimmt. Unter Planung und Leitung des Architektenbüros Foster + Partners begannen 1995 umfassende Umbauten des Gebäudes, mit der großen Glaskuppel als das weithin sichtbare Ergebnis. Im allgemeinen Sprachgebrauch heißt der Koloss »Reichstag«, obwohl in dem Gebäude nicht mehr der Reichstag, sondern seit dem 8. September 1999 der Deutsche Bundestag sich zu seinen regulären Sitzungen versammelt.

Reichstagsgebäude, Deutscher Bundestag, Platz der Republik 1, 10557 Berlin, ⟷ 80 Meter, 🕓 3 Minuten

Denkmale in Nähe des Reichstagsgebäudes

Am Simsonweg befindet sich das »Denkmal für die im Nationalsozialismus ermordeten Sinti und Roma Europas« von 2012. Das Denkmal von Dani Karavan (1930–2021) für die im Nationalsozialismus als »Zigeuner« diffamierten, verfolgten und ermordeten Sinti und Roma informiert über den Völkermord an ihnen. Dauerhaft erklingt eine Geige mit der Melodie »Mare Manuschenge« von Romeo Franz. Um ein rundes schwarzes Wasserbecken liegen Steinplatten, in die Namen von Konzentrationslagern eingraviert sind. Dem Künstler zufolge ist die Kreisform des Beckens Ausdruck der Gleichheit, das Wasser symbolisiert die Tränen, die Blume in der Mitte

Denkmal für die im Nationalsozialismus ermordeten Sinti und Roma Europas, Weiße Kreuze an der Spree

das Leben, die Trauer und die Erinnerung. Beim »Reichstag«, hinter dem die von der DDR stark bewachte Grenze zwischen Ost- und West-Berlin verlief, befindet sich am Spreeufer das Denkmal »Weiße Kreuze«. Es besteht aus sieben weißen Kreuzen mit Lebensdaten von Personen, die beim Versuch die Grenze zu überwinden ums Leben kamen. An dieser Stelle gehörte das Ufer zu West-Berlin, ein paar Meter weiter rechts davon aber zu Ost-Berlin. Das Denkmal wurde am 17. Juni 2003 angebracht. Den ersten Gedenkort »Weiße Kreuze« richtete der Berliner Bürger-Verein am 13. August 1971, dem 10. Jahrestag des Mauerbaus, an einem Zaun des Tiergartens an der Ecke Ebert- und Scheidemannstraße ein, wo er sich seither befindet. Vor der Freitreppe des Reichstagsgebäudes erinnert das »Mahnmal für die durch die Nationalsozialisten zu Tode gekommenen Reichstagsabgeordneten der Weimarer Republik« an die durch die Nationalsozialisten seit 1933 verfolgten Reichstagsabgeordneten der Weimarer Republik, die für ihre demokratischen Überzeugungen eintraten. Es besteht aus 96 senkrecht gestellten Platten von etwa 60 Zentimetern Höhe, auf deren Rändern Name, Parteizugehörigkeit, Lebensdaten und Sterbeort eines jeden Abgeordneten zu lesen sind.

Weiße Kreuze am Tiergartenzaun
⟷ 100 Meter, ◷ 2 Minuten

Mahnmal für die durch die Nationalsozialisten zu Tode gekommenen Reichstagsabgeordneten der Weimarer Republik, ⟷ 60 Meter, ◷ 3 Minuten

Denkmal für die im Nationalsozialismus ermordeten Sinti und Roma Europas, ⟷ 80 Meter, ◷ 4 Minuten

Weiße Kreuze am Spreeufer, ⟷ 400 Meter, ◷ 8 Minuten

Kunst in Nähe des Reichstagsgebäudes

Durch die Scheibe der Nordeingangshalle an der Paul-Löbe-Allee ist die »Kunstinstallation für das Reichstagsgebäude« der Künstlerin Jenny Holzer (*1950) von 1999 gut zu erkennen. Auf einer Stele laufen digitale Leuchtschriftbänder von unten nach oben, die 447 Reden und Rednerbeiträge dokumentieren – aus dem Zeitraum von 1871, dem Jahr der Gründung des Deutschen Kaiserreiches, bis April 1999, als im Reichstagsgebäude die Ära des Bundestags begann. Am Jakob-Kaiser-Haus durchbricht an der Spreepromenade eine 50 Meter lange und drei Meter hohe durchsichtige Glaswand der Kunstinstallation »Grundgesetz 49« die Hecke, welche die Promenade vom Grundstück des Parla-

Kunstobjekt »Grundgesetz 49«

mentsgebäudes trennt. In das Glas sind die 19 Grundrechte des Grundgesetzes der Bundesrepublik Deutschland in der Fassung von 1949 eingraviert. Die Installation des Künstlers Dani Karavan (1930–2021) von 2002 verbindet mit durchsichtiger Glaswand, Baum, Wegen und Strahlen die parlamentarische Ebene mit der öffentlichen Sphäre. Zwischen Politik und Bevölkerung stehen die verfassungsrechtlichen Grundrechte als gemeinsame Basis der demokratischen Gesellschaft. Am Hauptstadtstudio der ARD am Reichstagsufer brachte Thomas Locher (*1956) auf zwei großen Doppelfenstern das Schriftkunstwerk »GG. ART. 5, ein Kommentar« an. Auf die linke Scheibe eines Doppelfensters ließ Locher den Artikel 5 des Grundgesetzes zur Presse- und Meinungsfreiheit in der Typografie eines Gesetzbuches drucken. Wie ein Kommentar sind auf der rechten Scheibe Fragen aufgelistet, oft in direkter »Du«-Ansprache.

Kunstinstallation für das Reichstagsgebäude
⟷ 300 Meter, 🕓 6 Minuten

Grundgesetz 49, ⟷ 500 Meter, 🕓 10 Minuten

GG. ART. 5, ein Kommentar, ⟷ 550 Meter, 🕓 11 Minuten

Alexanderplatz
5226
BERLIN
CITARO
5226

S+U Brandenburger Tor

Weil der »Bus 100« auf dem Boulevard Unter den Linden in der Nähe der Abgänge zu den unterirdischen Bahnhöfen der U- und S-Bahn hält, ist das Brandenburger Tor nur in der Ferne zu sehen. Von der Fußgängerpromenade in der Mitte des Boulevards ist auf dem Berliner Wahrzeichen die Siegesgöttin Viktoria in ihrem von vier Pferden gezogenen Streitwagen gut zu erkennen. Nur wenige Minuten sind es zum Pariser Platz, an dem mit dem Brandenburger Tor das letzte, größte und repräsentativste der 18 Stadttore steht, die Berlin einmal vorweisen konnte. Und alle möchten es sehen!

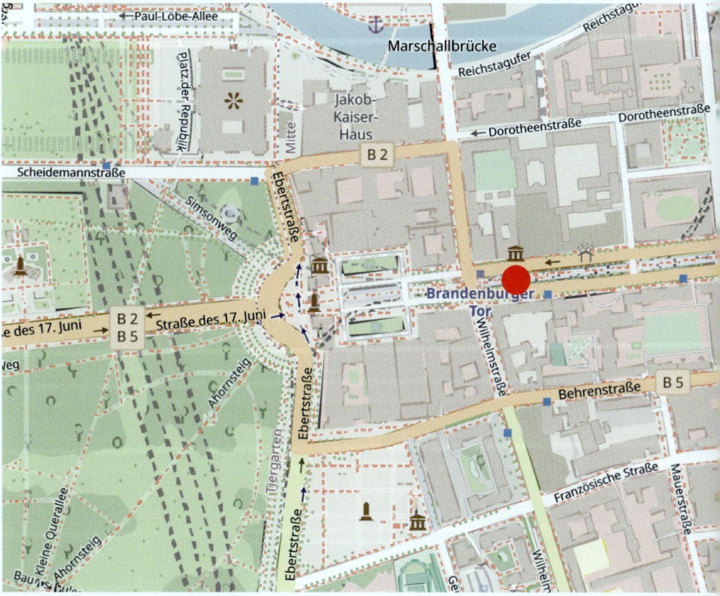

Pariser Platz mit Brandenburger Tor

Brandenburger Tor – das Wahrzeichen Berlins

Das Brandenburger Tor wurde von 1789 bis 1793 als Stadttor der Berliner Zoll- und Akzisemauer erbaut, die keine militärische Schutzfunktion mehr erfüllte. In seiner Architektur und mit seinem Skulpturenschmuck war es immer zur Stadt hin ausgerichtet. Wenn der König durch das Brandenburger Tor in die Stadt einreiste, sollte er es vor seinen Untertanen durch eine großartige Kulisse machen. Auf dem Tor mit sechs Säulen wurde eine vierspännige Quadriga mit einem Streitwagen aufgestellt, in dem die römische Siegesgöttin Viktoria den Frieden nach Berlin bringt. In der rechten Hand hält sie ein Siegeszeichen aus einem Eisernen Kreuz im Eichenkranz und dem gekrönten preußischen Adler. Auf dem Attikarelief »Zug des Friedens« kämpft der griechische Held Herkules mit einer Keule gegen zwei feindselige Giganten den Weg frei für die Götterwelt. Ihm folgen Göttinnen, Götter und Musen, die mit ihren Kompetenzbereichen wie Sieg, Frieden, Staatsklugheit, Überfluss, Eintracht, Freundschaft,

Brandenburger Tor

Freude, Baukunst, Tonkunst und Weisheit dem Königreich Preußen zu Diensten sein sollten. Auf beiden Torseiten zeigen Reliefbänder den mythologischen Streit der Zentauren mit den Lapithen, der als Metapher für den Sieg der Zivilisation über die Barbarei gilt, wobei Preußen die Gewinner verkörperte. Zwischen den Säulen präsentieren Relieftafeln weitere Heldentaten des Herkules, die als Allegorien auf die Taten Friedrichs des Großen gedeutet werden. Nach dem Einzug des französischen Kaisers Napoleon in Berlin 1806 und der Besetzung der Stadt ließ dieser die Quadriga nach Paris abtransportieren. Als Napoleons Armee besiegt worden war, marschierten die Preußen zusammen mit ihren Alliierten am 31. März 1814 in Paris ein. Der Pariser Platz vor dem Brandenburger Tor bezieht sich auf diese Ereignisse. Die Quadriga wurde in einem Triumphzug nach Berlin zurückgeholt und repariert und schmückte anschließend wieder das Brandenburger Tor. Nach der Schleifung der Akzisemauer wurden 1868 zwei seitliche Säulenhallen ange-

Quadriga auf dem Brandenburger Tor

baut, in denen sich in Nischen die Skulpturen des römischen Kriegsgottes Mars und der Minerva, die römische Göttin der Weisheit und des Wissens, befinden. Als Tandem sollten sie Preußen schützen und zur Blüte führen, die Schmach der französischen Besatzung steckte noch in den preußischen Knochen. Im Zweiten Weltkrieg wurde das Brandenburger Tor fast komplett zerschossen. Die Quadriga war mehr ein Schrotthaufen als eine Siegesgöttin auf einem Streitwagen. Nach einer nahezu kompletten Wiederherstellung in einer Kooperation von Ost und West wurde sie wieder auf dem Brandenburger Tor aufgestellt. Allerdings wurden von der DDR die preußischen Symbole entfernt, sodass Viktoria nur noch einen leeren Ring in die Höhe hielt. Bei der ersten Silvesterfeier auf dem Pariser Platz nach dem Fall der Mauer

1989 brachen sich kletterbegabte Festteilnehmer von der Quadriga Souvenirs ab. Nach der rauschenden Party wurde die beraubte und marode Quadriga wieder abgebaut und instandgesetzt. Etwas später schloss sich eine fast zweijährige Grundsanierung des Tores an, das am 3. Oktober 2002 in neuem Glanz wiedereröffnet wurde. Das Brandenburger Tor ist heute das Symbol sowohl der Teilung als auch der friedlichen Wiedervereinigung Berlins.

Brandenburger Tor, Pariser Platz, 10117 Berlin
⟷ 300 Meter, 🕓 6 Minuten

Denkmale in Nähe des Brandenburger Tors

Das »Denkmal für die ermordeten Juden Europas« an der Cora-Berliner-Straße erinnert an die rund sechs Millionen Juden, die unter der Herrschaft der Nationalsozialisten ermordet wurden. Es ist die zentrale Holocaustgedenkstätte

Denkmal für die ermordeten Juden Europas

Sowjetisches Ehrenmal an der Straße des 17. Juni

Deutschlands. Auf dem großen Areal dehnt sich ein wellenartiges Stelenfeld aus 2.711 quaderförmigen, dunkelgrauen Beton-Stelen aus. Ein Gang durch die engen Schluchten der schiefstehenden und unterschiedlich hohen Stelen kann Unsicherheit und Beklemmung hervorrufen. An der Ebertstraße steht im Großen Tiergarten das »Denkmal für die im Nationalsozialismus verfolgten Homosexuellen«. In einer einzelnstehenden Beton-Stele ist auf Sichthöhe eine Fensterscharte eingelassen. Im Innern erblickt man in Endlosschleife einen Film mit einer gleichgeschlechtlichen Liebesszene. Das »Denkzeichen Georg Elser« an der Ecke Wilhelmstraße und An der Kolonnade erinnert an den schwäbischen Schreiner Georg Elser (1903–1945), dessen hohe Silhouette von Weitem sichtbar ist. Elser wollte am 8. November 1939 mit einer selbstgebastelten Bombe im Münchner Bürgerbräukeller Adolf Hitler töten. Das Attentat misslang. Elser wurde verhaftet und am 9. April 1945 im Konzentrationslager Dachau ermordet. Das »Sowjetische

»Denkzeichen Georg Elser«

Ehrenmal« an der Straße des 17. Juni gedenkt der sowjetischen Gefallenen, die im Zweiten Weltkrieg im Kampf um Berlin starben. Erhöht steht ein Rotarmist, der mit einer Geste beerdigter Kameraden gedenkt. Hinter dem Säulenportal des Denkmals befinden sich ein Informationszentrum und eine Begräbnisstätte von 2.500 Soldaten.

Denkmal für die ermordeten Juden Europas
⟷ 400 Meter, 🕓 8 Minuten

Denkzeichen Georg Elser, ⟷ 550 Meter, 🕓 11 Minuten

Sowjetisches Ehrenmal, ⟷ 700 Meter, 🕓 14 Minuten

Denkmal für die im Nationalsozialismus verfolgten Homosexuellen, ⟷ 750 Meter, 🕓 15 Minuten

Madame Tussauds Wachsfigurenkabinett
Im Berliner Ableger des Londoner Wachsfigurenkabinetts Madame Tussauds kann man Prominenten aus Sport, Film, Fernsehen, Theater, Politik, Show, Musik, Pop, Glamour, Models und Wissenschaftlern auf die Pelle rücken – allerdings nur den lebensgroßen und den Originalen zum Verwechseln gleichenden Wachsfiguren. Ähnlichkeiten mit historischen oder noch lebenden Personen sind in keiner Weise zufällig, sondern gewollt.

Madame Tussauds Berlin, Unter den Linden 74,
10117 Berlin, www.madametussauds.com
⟷ 150 Meter, 🕓 3 Minuten

Wachsfigurenkabinett Madame Tussauds

Pariser Platz

Pariser Platz – ein Sieg über Napoleon und zwei Kalendertage

In Gedenken an eine gewonnene Schlacht bei Paris gegen Napoleon am 30. März 1814 der Allianz aus Preußen, Russland und Österreich und dem darauffolgenden Einzug des preußischen Königs Friedrich Wilhelm III. und seinen Alliierten in die französische Hauptstadt wurde der quadratische Platz »Quarree« am 15. September 1814 in »Pariser Platz« umbenannt. Wer dem Verlauf der ehemaligen Zoll- und Akzisemauer vom Brandenburger Tor aus in südlicher Richtung folgt, gelangt vom quadratischen Pariser an den achteckigen Leipziger Platz, der nach der Schlacht bei Leipzig im Jahr 1813 benannt ist, und danach an den runden Mehringplatz, der früher Belle-Alliance-Platz hieß – nach dem Befehlsstand Napoleons bei der Schlacht von Waterloo im Jahr 1815. Diese drei aufeinanderfolgenden, geometrisch geformten Plätze erinnern an die wichtigsten Orte der Befreiungskriege gegen Napoleon. Auf der Seite des Brandenburger Tors zum Großen Tierpark begegnen sich mit dem Platz des 18. März und der Straße des 17. Juni ein Platz und eine Straße mit einem Datum im Namen. Der 18. März ist sowohl mit der Revolution 1848 in Deutschland als auch mit den ersten freien Volkskammerwahlen 1990 in der DDR verbunden. Am 17. Juni 1953 fand im Ostteil der Stadt ein Volksaufstand gegen die Regierung der DDR statt, der niedergeschlagen wurde. Seit der Nachkriegszeit bis zum Fall der Berliner Mauer 1989 war der Pariser Platz ohne seine im Krieg zerstörte Bebauung, die erst in den Jahren nach der Wiedervereinigung nach historischen Vorbildern in neuer Interpretation entstand.

Pariser Platz, 10117 Berlin, ⟷ 190 Meter, 🕓 4 Minuten

Kunst in Nähe des Brandenburger Tors

In der Passage vom Pariser Platz zur Ebertstraße befindet sich die Skulptur »Großer Mann mit kleinem Mann« von Stephan Balkenhol (*1957). Auf einem Sockel steht ein 4,50 Meter großer Mann mittleren Alters mit gewelltem Haar, hängenden Armen und ausdruckslosem Blick zum Pariser Platz. Wie Wegweiser zeigen seine rechtwinklig gestellten Füße den Weg durch die Passage. Hinter ihm steht ein kleiner Mann, der durch die Beine des großen Mannes in Richtung Ebertstraße schaut. Mit Füßen und Blicken zeigen sie den Weg durch die Passage an. Das unscheinbare Kunstwerk »Eupalinos« von Gerhard Merz (*1947) befindet sich seit 1998 in der Passage durch das Palais am Pariser Platz. Auf keramikroten Wandfliesen ist ein Zitat aus »Eupalinos oder Der Architekt« des französischen Schriftstellers Paul Valéry (1871–1945) eingemeißelt. Als architektonisches Element spricht die Wandgestaltung über Vernunft, Gestalt und Architektur. Im Vorgarten des Max Liebermann Hauses steht die Skulptur »Hommage à Liebermann« von Markus Lüpertz (*1941). Zu sehen ist der Kopf einer Hol-

»Großer Mann mit kleinem Mann«, »Hommage à Liebermann«, »Eupalinos«

»Global Stone«, »Reflektor Spiegelwand«

länderin mit einer weißen Haube, wie sie der Maler Max Liebermann (1847–1935) auf seinen Bildern häufig dargestellt hat. In einem Schaufenster an der Ecke Wilhelmstraße und Unter den Linden, gegenüber vom Hotel Adlon, erregt bei Passanten seit 1995 die »Reflektor Spiegelwand« des Künstlers Jakob Mattner (*1946) Aufmerksamkeit. Schmale, senkrechte Spiegel drehen sich in unterschiedlichen Abfolgen, stehen still, drehen sich wieder. Die Stadt wird dadurch in wechselnden Facetten gezeigt, als eine Summe sich ändernder Spiegelbilder. Auf der Wiese hinter dem »Denkmal für die im Nationalsozialismus verfolgten Homosexuellen« sind schon von Weitem die Felsen des Projektes »Global Stone« zu erkennen, das von Wolfgang Kraker von Schwarzenfeld (*1933) als Friedensprojekt gedacht ist. Zwei charakteristische, große Steine wurden auf jedem der fünf Kontinente gesucht und immer einer von beiden nach Berlin gebracht. Jeder Stein in Berlin erhielt eine glatt polierte Fläche. Die Felsen sind so angeordnet, dass zur Sommersonnenwende zu einer bestimmten Uhrzeit über Reflexionen der Sonnenstrahlen die Steine sich gegenseitig anstrahlen. Dabei verbinden sich symbolisch Europa – Erwachen, Af-

»Der Rufer«

rika – Hoffnung, Asien – Vergebung, Amerika – Liebe und Australien – Frieden. Die Plastik »Der Rufer« des Bildhauers Gerhard Marcks (1889–1981) steht seit 1989 mitten auf der Straße des 17. Juni in der Nähe des Brandenburger Tors. Kurze Zeit später öffnete sich die Mauer, die jahrelang Berlin teilte und das Brandenburger Tor versperrte. An der Bronzeskulptur von 1966 steht das Zitat des italienischen Dichters Francesco Petrarca »Ich gehe durch die Welt und rufe ›Friede, Friede, Friede‹.«

Reflektor Spiegelwand, ⟷ 120 Meter, 🕓 3 Minuten

Großer Mann mit kleinem Mann
⟷ 290 Meter, 🕓 6 Minuten

Eupalinos, ⟷ 290 Meter, 🕓 6 Minuten

Hommage à Liebermann, ⟷ 400 Meter, 🕓 8 Minuten

Der Rufer, ⟷ 550 Meter, 🕓 11 Minuten

Global Stone, ⟷ 800 Meter, 🕓 16 Minuten

U Unter den Linden

Die große Straßenkreuzung Friedrichstraße und Unter den Linden strahlt eine geschäftige Modernität aus. Die Kreuzung bietet einen Mix aus historisierendem Plattenbau der DDR, neuer Geschäftshausarchitektur der Nachwendezeit und dem Haus der Schweiz mit historischer Fassade. Bushaltestellen und die Eingänge zum unterirdischen U-Bahnhof Unter den Linden werden stark frequentiert. Angestellte der Büros und Politiker aus dem Café Einstein vermischen sich mit dem Besucherstrom, der zwischen Berliner Dom und Brandenburger Tor an den Läden vorbeischiebt. Bis in die 1940er Jahre war diese Kreuzung wegen ihrer Geschäfte und Cafés ein Muss für alle Berlinbesucher.

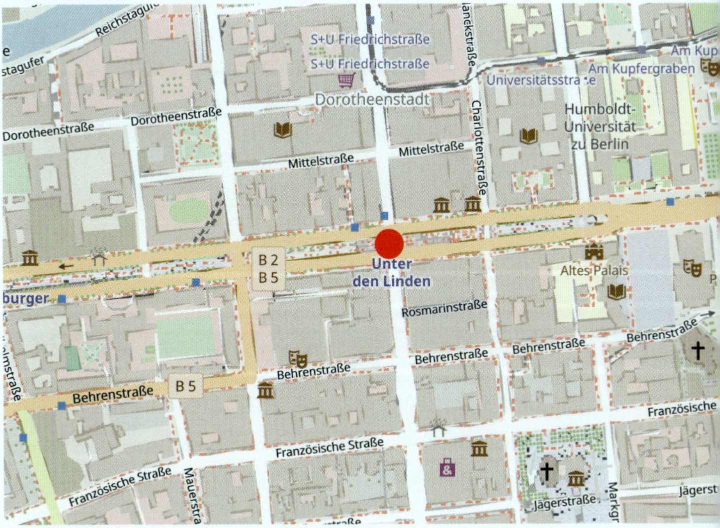

Kreuzung Unter den Linden und Friedrichstraße um 1890

Alle tranken hier Kaffee und aßen Kuchen – die berühmteste Kreuzung Berlins

Hier war die berühmteste Straßenkreuzung Berlins. Die Friedrichstraße, welche die direkteste und schnellste Querverbindung vom Halleschen Tor im Süden bis zum Oranienburger Tor im Norden war, kreuzte sich mit dem Prachtboulevard Unter den Linden, der das Berliner Schloss mit dem Pariser Platz verband. Mit Unter den Linden als Geschäfts- und Flanierboulevard der adligen und bürgerlichen Gesellschaft und der Friedrichstraße als eine quirlige Laden-, Geschäfts- und Gastronomiestraße überschnitten sich zwei verschiedene Welten. An der Kreuzung Friedrichstraße und Unter den Linden rieben sich unterschiedliche Verkehrs- und Fußgängergeschwindigkeiten, Gesellschaftsschichten und Nutzungsinteressen. Einen Ausdruck fand die Schnittstelle in den vier Kaffeehäusern Café Kranzler, Café Bauer, Café Linden und Victoria-Café, die sich in den Eckhäusern der Kreuzung befanden. Als Besucher Berlins musste man vom Kuchen erzählen können, den man in einem der Cafés genossen hatte, und den Lieben zuhause eine Ansichtskarte schicken.

Ampelmann Flagship Store

Mal gehend, mal stehend leuchten der Ampelmann und die Ampelfrau von vielen Fußgängerampeln. Wo der Ampelmann Flagship Store seine Türen öffnet, stand die erste Ampel mit Ampelmännchen als Leuchtsignal für Fußgänger. Nach der Wiedervereinigung sollte das DDR-Ampelmännchen von den Fußgängerampeln verschwinden, aber nach Protesten aus der Bevölkerung blieb es erhalten und wurde sogar im Westteil Berlins zum Leuchten gebracht. Der Entwurf des Verkehrspsychologen Karl Peglau erstrahlte 1969 zum ersten Mal an einer Fußgängerampel der DDR. An jener Kreuzung eröffnete 2012 der Ampelmann Flagship Store mit Produkten zum Ampelmännchen, das inzwischen zu einer unverwechselbaren Marke geworden war. Mit einem gu-

Ampelmann Flagship Store

ten Riecher baute der Designer Markus Heckhausen in den 1990er Jahren sogenannte Ampelleuchten mit dem Ampelmännchen und stellte sie in der Auguststraße aus. Mit dem Ampelmann-Erfinder Karl Peglau regelte er die Vermarktung des Ampelmannes und schuf ein beliebtes Berliner Andenken.

Ampelmann Flagship Store, Unter den Linden 35,
10117 Berlin, www.ampelmann.de
⟷ 50 Meter, 🕓 2 Minuten

Bud Spencer Museum

Das Bud Spencer Museum widmet sich mit Ausstellung und Filmausschnitten dem Leben und schauspielerischen Werk des italienischen Schauspielers Bud Spencer, der mit richtigem Namen Carlo Pedersoli hieß und 2016 im Alter von 86 Jahren verstarb. Mit Abenteuer-Action-Filmkomödien, in denen er immer – und häufig gemeinsam mit seinem Filmpartner Terence Hill – die schlagkräftige Haudrauf-Hauptrolle besetzte, wurde er zur Kultfigur. Einen Einblick in seine sportliche Laufbahn vor seiner Filmkarriere zeigen Fotos, Medaillen, Pokale und der Olympia-Bademantel, denn der später füllige Spencer hatte als Schwimmer von 1947 bis 1957 zehn Jahre lang die Brust- und Freistilstrecken als italienischer Meister dominiert und an den Olympischen Spielen 1952 und 1956 teilgenommen. Ein Museums-Bistro sorgt für das leibliche Wohl, das der gewichtige Bud Spencer so sehr schätzte.

Bud Spencer Museum, Unter den Linden 10, 10117 Berlin
www.budspencer-museum.com
⟷ 120 Meter, 🕓 3 Minuten

Bud Spencer Museum, Café Einstein Unter den Linden

Café EINSTEIN Unter den Linden

Seit 1996 hält das von Künstler und Schauspieler Gerald Uhlig gegründete Café-Restaurant EINSTEIN Unter den Linden die Fahne der Kaffeehäuser am Prachtboulevard wieder in die Höhe, oder besser gesagt, spannt die weinroten Markisen des Straßencafés auf. Seit 2016 unter neuer Leitung und nach einer behutsamen Auffrischung bietet es von früh bis spät Wiener Kaffeehaus-Kultur und eine ausgewogene Speisenkarte. Schon längst gehört es zu den Klassikern in der Straße Unter den Linden.

EINSTEIN Unter den Linden, Unter den Linden 42,
10117 Berlin, www.einstein-udl.com
⟷ 180 Meter, 🕓 9 Minuten

Dussmann das KulturKaufhaus, Friedrichstraße

Dussmann das KulturKaufhaus

Im KulturKaufhaus Dussmann werden Bücher, Hörbücher, Tonträger, Schallplatten, Kalender, DVDs, Noten und Geschenkartikel angeboten. Eine Besonderheit ist der English Bookshop. Das Medienkaufhaus, wie es sich nennt, veranstaltet zudem Lesungen und Signierstunden mit Schriftstellerinnen und Schriftstellern. Im Basement befindet sich ein Restaurant mit moderner Crossover-Küche. Das Kaufhaus Dussmann zog 1997 in ein Geschäftsgebäude ein, das der Unternehmer Peter Dussmann als Sitz seiner Firma vorgesehen hatte. Nachdem sich die Suche nach einem Mieter für die Ladenflächen als nicht einfach erwies, richtete der schwäbische Selfmademan sein eigenes Kaufhaus ein. Schlitzohrig umging er in den ersten Jahren das Berliner Ladenschlussgesetz, indem er Angestellte, die nach üblichem Ladenschluss abends hinter den Verkaufstheken standen, zu Prokuristen und somit zu leitenden Angestellten ernannte, für die das Gesetz Sonderregelungen vorsah. Mit dem neuen Ladenschlussgesetz von 2006 wurde dieser legale Trick nicht mehr nötig, die Öffnungszeiten gehen seither mit »normalem« Personal bis spät in die Nacht.

Dussmann das KulturKaufhaus, Friedrichstraße 90,
10117 Berlin, www.kulturkaufhaus.de
⟷ 200 Meter, 🕓 4 Minuten

Komische Oper Berlin

Das architektonisch nüchterne Stammhaus der Komischen Oper in der Behrenstraße überrascht mit einem Theaterraum im neobarocken Stil mit Rängen, Balkonen, Stuck, Kronleuchtern und dunkelroten Sitzen. Im Krieg stark zer-

Komische Oper Berlin in der Behrenstraße

stört, wurde die Komische Oper in den 1960er Jahren wiederaufgebaut. Das ursprüngliche Gebäude war 1892 eröffnet und lange Zeit als Musical- und Revuetheater genutzt worden, was den dekorierten Theatersaal erklärt. Zwischen 2023 und 2029 wird die Komische Oper generalsaniert. In dieser Zeit spielt sie an unterschiedlichen Spielorten, Hauptspielort wird solange das Schillertheater in Charlottenburg sein.

Komische Oper Berlin, Behrenstraße 55–57, 10117 Berlin

Komische Oper Berlin im Schillertheater
Bismarckallee 110, 10625 Berlin, www.komische-oper-berlin.de, ⟷ 350 Meter, 🕓 7 Minuten

Zollernhof – Hauptstadtstudio des ZDF

Der Zollernhof heißt nach dem Restaurant »Zollernhof«, das 1911 zusammen mit dem Haus eröffnet worden war. Gastronomie ist immer noch im Haus, jedoch unter dem Namen »Maredo«. Der Zollernhof ist eines der wenigen Gebäude an der Straße Unter den Linden mit erhaltener Fassade. Im Jahr 1999 wurde das Geschäfts- und Bürogebäude nach modernen Bedürfnissen umgebaut. Im Februar 2000 zog das Hauptstadtbüro des ZDF ein. Der überdachte Innenhof wurde als Fernsehstudio eingerichtet. Wenn keine Sendung aufgenommen wird, kann er durchquert werden. Im Lichthof befindet sich die Skulptur »Großer Phönix III« von Bernhard Heiliger (1915–1995) von 1966/92. Ein angedeuteter Flügel ragt als Schwinge empor, der Vogelkörper ist an einer Seite glänzend poliert. Das Auffliegen des Phoenix aus der Asche wird durch starke Dynamik und Raumwirkung inszeniert.

Zollernhof mit ZDF-Studio

Zollernhof, Unter den Linden 36–38, 10117 Berlin
www.zdf.de, ⟷ 100 Meter, 🕓 3 Minuten

H
100 S+U Zoologischer Garten
Tickets
4757
SCANIA
B-V 4757
STAATSOPER

Staatsoper

Die prachtvollen Gebäude aus der Zeit, als Berlin die Hauptstadt des preußischen Königreichs und des deutschen Kaiserreichs war, scheinen sich übertrumpfen zu wollen. Von Barock bis Klassizismus reichen die Baustile beim neuen Schloss, den beiden Stadtpalais, dem Opernhaus, der Alten Bibliothek und dem ehemaligen Waffenarsenal Zeughaus. Mit ihrer voluminösen Kuppel und einem Säulenportal erinnert die St.-Hedwigs-Kathedrale an römische Architektur. Hier war das Zentrum der preußischen Repräsentation mit großartiger Architektur, Denkmalen für König und Generäle, glanzvollen Militärparaden und spektakulären Wachablösungen.

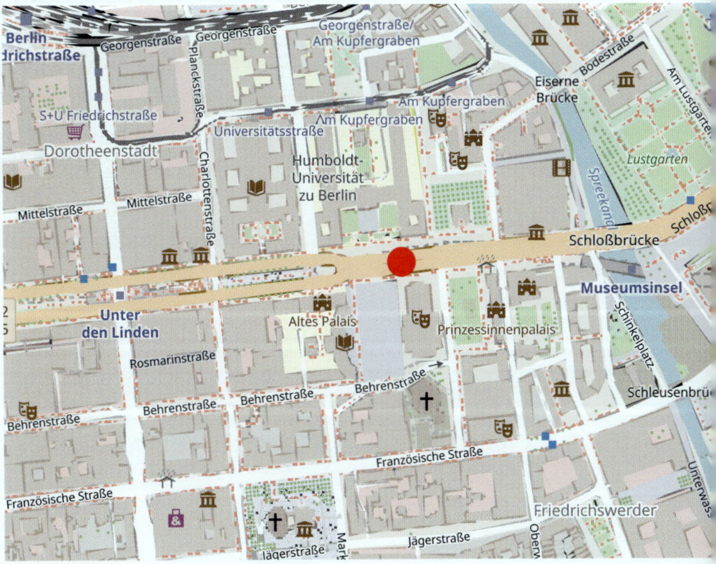

Auswärtiges Amt – das Außenministerium an der Spree

Bei der Schleusenbrücke steht das Auswärtige Amt. Große Öffnungen in den Fassaden und dahinterliegende Lichthöfe demonstrieren Offenheit. Auf der Rückseite setzt sich der Komplex in Bestandsgebäuden fort. Im Lichthof des Haupteingangs befinden sich ein Besucherzentrum und ein Café mit gutem Überblick, wer das Außenministerium durch den Vordereingang betritt.

Auswärtiges Amt, Werderscher Markt 1, 10117 Berlin
www.auswaertiges-amt.de, ⟷ 500 Meter, 🕓 10 Minuten

Bebelplatz und »Forum Fridericianum«

Der Bebelplatz entstand durch eine Neuplanung der Berliner Residenz ab 1740, die von König Friedrich II. (1712–1786) angestoßen wurde. Zu dem Schloss auf der Spreeinsel sollten zwischen Schlossbrücke und der Stadterweiterung Friedrichstadt am neuen Bebelplatz ein neues Schloss und repräsentative Bauten entstehen. Auch wenn die Idee des »Forum Fridericianum« nicht vollständig realisiert wurde, so verdankt Berlin sein residenziales Erscheinungsbild diesem Impuls. Am Bebelplatz, vorher Opernplatz, steht die Staatsoper Unter den Linden, die auf einen ersten Bau von 1743 zurückgeht. Hinter der Staatsoper befindet sich die römisch-katholische St.-Hedwigs-Kathedrale, deren architektonisches Vorbild das Pantheon in Rom ist. Nach der Reformation war dies der erste katholische Kirchenbau in Berlin. Der Staatsoper gegenüber befindet sich die Alte Bibliothek, heute die Juristische Fakultät der Humboldt-Universität zu

Auswärtiges Amt, Staatsoper Unter den Linden, St.-Hedwigs-Kathedrale, Bebelplatz

SANKT HEDWIG MITTE

Bebelplatz

Humboldt-Universität zu Berlin, Juristische Fakultät

Berlin. Am Beginn der Lindenallee steht das Reiterdenkmal Friedrichs II., der die Vision einer neuen Residenz unter städtebaulichen Gesichtspunkten hatte. Die Humboldt-Universität zu Berlin ist im sogenannten Prinz-Heinrich-Palais untergebracht, das von 1748 bis 1753 als Wohnsitz für Prinz Heinrich von Preußen, den Bruder Friedrichs II., errichtet wurde. Als Universität wird der schlossähnliche Wohnsitz seit 1809 genutzt. Es folgt die Neue Wache, die eine Funktion ähnlich einer Polizeidienststelle besaß und in der Wachleute Posten bezogen. Das barocke Zeughaus wurde von 1695 bis 1706 als Arsenal für Waffen errichtet und galt im 19. Jahrhundert als die größte Waffenkammer Preußens. Seit seinem Wiederaufbau wird das barocke Gebäude als

Museum genutzt, seit 2003 als das Deutsche Historische Museum. Aus späterer Zeit von 1889 stammt am Bebelplatz die ehemalige Geschäftszentrale der Dresdner Bank. In der DDR nutzte sie die Sozialistische Einheitspartei Deutschlands (SED). Nach der Wende zog 2006 ein Hotel ein.

Bebelplatz, Forum Fridericianum, 10117 Berlin
⟷ 100 Meter, 🕓 2 Minuten

Denkmale in Nähe der Staatsoper Unter den Linden
Zwischen Staatsoper und Prinzessinnenpalais stehen Standbilder preußischer Generäle der Befreiungskriege gegen Napoleon aus der ersten Hälfte des 19. Jahrhunderts von Christian Daniel Rauch (1777–1857). Die temporär entfernten Marmorskulpturen für Friedrich Wilhelm Bülow von Dennewitz (1755–1816) und Gerhard von Scharnhorst (1755–1813) sollen zeitnah durch Kopien ersetzt werden. Die Denkmale Gebhard Leberecht von Blücher (1742–1819), August Neidhardt von Gneisenau (1760–1831) und General Yorck von Wartenburg (1759–1830) stehen im hinteren Bereich des kleinen Parks. Auf dem Bebelplatz befindet sich das Denkmal zur Bücherverbrennung »Bibliothek – Die Bücherverbrennung vom 10. Mai 1933«. An dieser Stelle verbrannten die Nationalsozialisten mehr als 20.000 Bücher, die nicht ihren Vorstellungen entsprachen; die Bücher würden die leeren Regale der unterirdischen Bibliothek füllen. Das Mahnmal wurde 1995 nach einem Entwurf von Micha Ullman (*1939) gebaut. Das »Reiterstandbild Friedrich der Große«, wie König Friedrich II. von Preußen (1712–1786) genannt wurde, zeigt den König auf seinem Lieblingspferd Condé. Auf dem rekonstruierten Schinkelplatz am Spreekanal stehen die Standbilder für den preußischen Baumeister Karl Friedrich Schinkel (1781–1841), den Arzt und Agrar-

wissenschaftler Albrecht Daniel Thaer (1752–1828) und den Politiker und Gründer des Berliner Gewerbeinstituts Peter Beuth (1781–1853). Am Kastanienwäldchen hinter der Neuen Wache befindet sich das Denkmal für den Dichter Heinrich Heine (1797–1856), der locker auf einem Hocker sitzt.

Bibliothek – Die Bücherverbrennung vom 10. Mai 1933
⟷ 140 Meter, 🕓 3 Minuten

Heinrich Heine, ⟷ 140 Meter, 🕓 3 Minuten

Preußische Generäle der Befreiungskriege
⟷ 150 Meter, 🕓 3 Minuten

Reiterstandbild Friedrich der Große
⟷ 180 Meter, 🕓 4 Minuten

Schinkelplatz, Karl Friedrich Schinkel, Albrecht Daniel Thaer, Peter Beuth, ⟷ 300 Meter, 🕓 6 Minuten

Friedrichswerdersche Kirche mit Ausstellungen

Die von Karl Friedrich Schinkel (1781–1841) geplante und von 1824 bis 1830 erbaute Friedrichswerdersche Kirche ist eine Dependance der Alten Nationalgalerie. Die Ausstellung im Kirchenschiff zeichnet mit Skulpturen und Plastiken die Entwicklungslinien vom 19. Jahrhundert in die Moderne nach und zeigt bedeutende Werke der Berliner Bildhauerschule.

Friedrichswerdersche Kirche, Werderscher Markt,
10117 Berlin, www.smb.museum
⟷ 400 Meter, 🕓 8 Minuten

Denkmal zur Bücherverbrennung, Heinrich Heine, Schinkelplatz, Preußische Generäle, Friedrich der Große

Friedrichswerdersche Kirche

Gendarmenmarkt – der schönste Platz Berlins

Mit den Kuppeltürmen des Französischen und Deutschen Doms sowie dem klassizistischen Konzerthaus gilt der Gendarmenmarkt als der schönste Platz Berlins. In der Stadterweiterung Friedrichstadt wurde im 17. Jahrhundert für französische Einwanderer ein Gotteshaus für »Franzosen« und eines für die Einwanderer aus Süddeutschland und der Schweiz erbaut, die als »Deutsche« von den Franzosen unterschieden wurden. Aus ihnen erwuchsen die Kirchen, an die im 18. Jahrhundert die Türme angebaut wurden, deren Kuppeln als »Dome« bezeichnet wurden. Wache und Ställe des Garderegiments »Gens d'armes« am Marktplatz des neuen Viertels gaben dem Platz seinen Namen. Zwischen den Kirchen wurde 1817–21 das Schauspielhaus nach den Plänen von Karl Friedrich Schinkel errichtet. Als Schauspieltheater hatte es bis zu seiner Zerstörung im Zweiten Weltkrieg einen bedeutenden Ruf. Seit Mitte der 1980er Jahre wird das Theater als Konzerthaus genutzt. Während des Nationalsozialismus wurden die drei rechteckigen Grundstücke, auf denen die beiden Kirchen und das Theaterhaus standen, zu einem durchgängigen Aufmarschplatz zusammengelegt. In der DDR wurden die im Krieg schwer zerstörten Türme, das Schauspielhaus und die Häuser am Platz wiederaufgebaut. Der Gendarmenmarkt, der auch schon Schillerplatz hieß, erhielt ab 1950 die Bezeichnung Akademieplatz nach der Akademie der Wissenschaften der DDR in der Jägerstraße. Seit 1991 heißt er offiziell Gendarmenmarkt. Vor dem Konzerthaus steht das Schillerdenkmal von Reinhold Begas von 1871. Dramen Friedrich Schillers (1759–1805) wurden am Berliner Schauspielhaus begeistert aufgenommen. Sitzende Frauen zu Füßen des Dichters stellen die Allegorien für Lyrik, Tragödie, Philosophie und Geschichte dar.

Gendarmenmarkt, 10117 Berlin
⟷ 600 Meter, 12 Minuten

Gendarmenmarkt, Konzerthaus, Französischer Dom

Kronprinzenpalais und Prinzessinnenpalais

Im Kronprinzenpalais wohnten Kronprinzen der preußischen Königsfamilie, wie z. B. der spätere König Friedrich II. oder seit 1793 das Kronprinzenpaar Friedrich Wilhelm und Luise, ab 1797 das preußische Königspaar. Weil ihre drei Töchter im Palais nebenan wohnten, wird es seither Prinzessinnenpalais genannt. Der Kronprinz ließ die beiden Palais mit einem Übergang verbinden, so entfiel für ein Familientreffen der Gang über die Straße. Nach dem Ende der Monarchie 1918 stellte man das Palais der Berliner Nationalgalerie zur Verfügung, deren Ausstellung moderner Kunst 1933 die Nationalsozialisten auflösten. Von 1968 bis 1970 wurde das zerstörte Kronprinzenpalais von Richard Paulick als Palais Unter den Linden wiedererrichtet. Am 31. August 1990 unterzeichneten in ihm auf der Seite der Bundesrepublik Deutschland der damalige Bundesinnenminister Wolfgang Schäuble (1942–2023) und seitens der Deutschen Demokratischen Republik der Parlamentarische Staatssekretär Günther Krause (*1953) den Einigungsvertrag zwischen den beiden Ländern. Auch das Prinzessinnenpalais diente nach Ende der Monarchie als Ausstellungsraum. In den 1960er Jahren wiederaufgebaut, eröffnete in seinen Räumen das beliebte »Operncafé«. Nach einem Umbau 2018 ist in das Gebäude das Kulturforum PalaisPopulaire der Deutschen Bank eingezogen – wieder mit Ausstellungen und einem Café, dem »LePopulaire«.

Kronprinzenpalais, Unter den Linden 3, 10117 Berlin

PalaisPopulaire im Prinzessinnenpalais, Unter den Linden 5, 10117 Berlin, www.palaispopulaire.db.com
⟷ 50 Meter, ◷ 2 Minuten

Kronprinzenpalais, Café LePopulaire, Maxim Gorki Theater

Maxim Gorki Theater

Das Maxim Gorki Theater spielt in einem klassizistischen Gebäude aus dem Jahr 1827, das als Konzerthaus für die Sing-Akademie erbaut wurde. Vom Mai bis September 1848 tagte darin die Preußische Nationalversammlung. Ab 1952 wurde das Maxim Gorki Theater mit Stücken russischer und sowjetischer Dramatiker bespielt, später kamen Stücke von Autoren aus der DDR ins Repertoire hinzu. Nach der Wiedervereinigung ging der Theaterbetrieb mit zeitgenössischen Stücken weiter, die aktuelle gesellschaftliche Fragen aufgreifen.

Maxim Gorki Theater, Am Festungsgraben 2, 10117 Berlin
www.gorki.de, ⟷ 190 Meter, 🕓 4 Minuten

Neue Wache, Zentrale Gedenkstätte Deutschlands

Neue Wache – Zentrale Gedenkstätte der Bundesrepublik Deutschland

Die Neue Wache ist die »Zentrale Gedenkstätte der Bundesrepublik Deutschland«. Sie wurde als klassizistisches Wachgebäude 1816–18 von Karl Friedrich Schinkel in Form eines römischen Kastells erbaut. Im Laufe der Geschichte wurde die Neue Wache je nach politischer Dominanz zu einer anders ausgerichteten Gedenkstätte umgewidmet. Nach der Wiedervereinigung wurde auf Veranlassung des Bundeskanzlers Helmut Kohl eine von Bildhauer Harald Haacke (1924–2004) angefertigte, von 38 Zentimetern auf rund 1,60 Metern Höhe vergrößerte Kopie der Plastik »Mutter mit totem Sohn« oder »Pieta« von Käthe Kollwitz (1867–1945) aufgestellt. Die Einweihung der nun bundesrepublikanischen »Zentralen Gedenkstätte für die Opfer von Krieg und Gewaltherrschaft« fand am Volkstrauertag 1993 statt.

Neue Wache, Unter den Linden 4, 10117 Berlin
⟷ 100 Meter, ◷ 2 Minuten

Wilhelm und Alexander von Humboldt als Denkmale vor der Humboldt-Universität zu Berlin

Am Eingang Haupteingang zur Humboldt-Universität erinnern zwei Denkmale von 1883 an die berühmten Berliner Brüder und Universalgelehrten Wilhelm (1767–1835) und Alexander von Humboldt (1769–1859). Der Bildhauer Paul Otto (1846–1893) stellte Wilhelm von Humboldt in einem Sessel sitzend dar mit einem aufgeschlagenen Buch auf den Knien. Schriftrollen verweisen auf seine Bildungsreformen in Preußen und eine Eule der Weisheit breitet ihre Flügel aus. Reinhold Begas (1831–1911) ließ den Naturforscher Alexander von Humboldt auf einem Baumstumpf sitzend eine Pflanze in der Hand halten, die auf seine weltweiten Forschungen in freier Natur verweist. Ein Globus erinnert an seine mehrjährigen Forschungsreisen in ferne Länder.

Humboldt-Universität zu Berlin, Unter den Linden 6, 10117 Berlin, ⟷ 50 Meter, 🕓 2 Minuten

Alexander von Humboldt, Wilhelm von Humboldt

Zeughaus – Deutsches Historisches Museum

Im Deutschen Historischen Museum im Zeughaus wird die deutsche Geschichte und die des barocken Zeughauses dargestellt. Im sogenannten Pei-Bau des chinesisch-amerikanischen Architekten I. M. Pei (1917–2019) hinter dem barocken Gebäude zeigt das Museum Wechselausstellungen, die sich historischen Ereignissen, Epochen und gesellschaftlichen Entwicklungen widmen. In moderner Architekturauffassung wurde der Eingang des Erweiterungsbaus als gläserner Turm in Form einer aufstrebenden Wendel erbaut. Die Ausstellungsräume befinden sich im Untergeschoss und sind unterirdisch mit dem historischen Zeughaus verbunden. Das barocke Zeughaus wurde gemäß einer testamentarischen Verfügung des Kurfürsten Friedrich Wilhelm von Brandenburg (1620–1688) zwischen 1695 und 1706 innerhalb der Befestigung Berlins als Waffenarsenal errichtet. Seit seinem Wiederaufbau nach dem Krieg wird das Zeughaus als Museum genutzt.

Deutsches Historisches Museum
Unter den Linden 2, 10117 Berlin

Pei-Bau des Deutschen Historischen Museums
Hinter dem Gießhaus 3, 10117 Berlin, www.dhm.de
⟷ 200 Meter, 🕓 4 Minuten

Deutsches Historisches Museum im Zeughaus, Pei-Bau

DEUTSCHES HISTORISCHES

100 S+U Zoologischer Garten
B V 5226

U Museumsinsel

An heißen Tagen wird die Wasserfontäne im Lustgarten zur Erfrischungsdusche für Kinder und Erwachsene. Auf Mäuerchen und Rasen ruhen sich Menschen aus, für andere sind Erinnerungsfotos das Gebot der Stunde. Verwundert wird in die große leere Granitschale geschaut. Majestätisch schließt das Alte Museum den weiten Platz und möchte sagen: »Hinter mir geht die Museumsinsel mit vier Museen erst richtig los!« Der Berliner Dom zeigt seine mächtige Kuppel und wie aus dem Ei gepellt glänzt das nachgebaute Schloss in der Sonne. Das beeindruckende Ensemble an herrlichen Bauten scheint die Menschen zu entschleunigen.

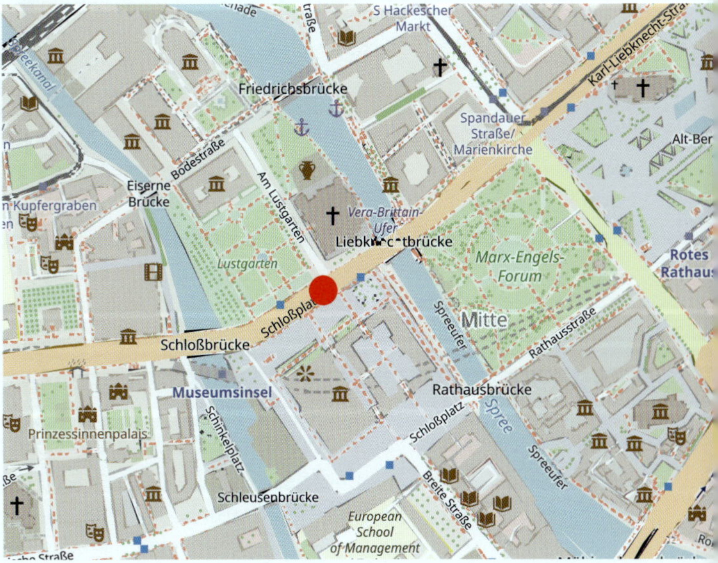

Berliner Dom

Berliner Dom

Die größte Kirche Berlins und gleichzeitig größte evangelische Kirche Deutschlands ist der Berliner Dom. Die Predigtkirche, die Tauf- und Traukapelle sowie der Kuppelblick können besucht werden. Der Berliner Dom war kein Bischofssitz, sondern aufgrund seiner kirchenrechtlichen Sonderstellung bürgerte sich bereits vor der Reformation die Bezeichnung »Domkirche« ein. Am jetzigen Standort des Doms ließ König Friedrich II. einen Kirchenbau errichten, der am 6. September 1750 geweiht wurde. In einer Kirchengruft wurden die Särge der königlichen Familie niedergelegt. Noch heute befindet sich im Untergeschoss des Berliner Doms die Hohenzollerngruft. Im 19. Jahrhundert wurde der Kirchenbau klassizistisch überformt. Mit der Gründung des Deutschen Kaiserreichs 1871 erschien der Dom nicht mehr repräsentativ genug. Kaiser Wilhelm II. veranlasste seinen Abriss und den Bau eines reich ausgeschmückten neuen Berliner Doms, der am 27. Februar 1905 geweiht wurde. Im Zweiten Weltkrieg wurde der Berliner Dom stark beschädigt. Herabfallende Trümmer der Kuppel brachen durch bis in die Hohenzollerngruft. Nach Sicherungsarbeiten, die bis in die 1950er Jahre dauerten, begannen 1975 die Wieder-

Humboldt-Forum im Berliner Schloss

aufbauarbeiten, die mit der Weihe am 6. Juni 1993 ihr Ende fanden. Das Dach des Berliner Doms ist einer der höchsten Berliner Standorte für Bienenstöcke. Fachkundige Imker betreuen die Völker der »Dombienen«. Der Honig kann im Dom-Shop erworben werden.

Oberpfarr- und Domkirche zu Berlin, Am Lustgarten,
10178 Berlin, www.berlinerdom.de
↔ 60 Meter, 🕓 2 Minuten

Humboldt-Forum im neuen Berliner Schloss
Das Humboldt-Forum im wiederaufgebauten Berliner Stadtschloss ist Museum sowie ein zentraler Ort für Ausstellungen und kulturelle Veranstaltungen. In gleicher Größe und Form befand sich an seinem Standort das originale Berliner Schloss. Überwältigend ist der Fassadenschmuck der Schlossreplik, als ob Maurer, Steinmetze und Vergolder der Welt zeigen wollten, dass sie auch in heutiger Zeit meisterlich ihr Handwerk beherrschen. Seit 1443 war das Schloss in Berlin die Hauptresidenz der Kurfürsten von Brandenburg aus dem Hause Hohenzollern gewesen. Diese

waren seit 1701 Könige in Preußen, ab 1772 Könige von Preußen und seit 1871 stellten sie die deutschen Kaiser bis zum Ende der Monarchie 1918. Das historische Schloss war im Laufe der Jahrhunderte mehrmals umgebaut und erweitert worden. Im Zweiten Weltkrieg zerstört, wurde die Ruine in den 1950er Jahren gesprengt und an seiner Stelle baute die DDR 1973 bis 1976 den Palast der Republik. Dieser wurde 1990 wegen Asbestverseuchung geschlossen und nach Entkernung sowie verschiedenen Zwischennutzungen 2006–08 abgerissen. Danach begann der Neubau des Schlosses, das als Humboldt-Forum 2021 eröffnet wurde.

Schloßplatz, 10178 Berlin, www.humboldtforum.org
⟷ 60 Meter, ◷ 2 Minuten

Kunst und ein Denkmal auf der Museumsinsel

Auf dem Gehweg vor dem Lustgarten steht der würfelförmige »Herbert-Baum-Gedenkstein« von Jürgen Raue (1939–2004) von 1981. Er trägt die Namen von 34 unter der nationalsozialistischen Herrschaft hingerichteten, jüdischen Widerstandskämpfern um den Kommunisten Herbert Baum (1912–1942), die 1942 einen Brandanschlag auf eine nationalsozialistische Hetzausstellung im Lustgarten unternommen hatten. Vor dem Alten Museum liegt eine runde Granitschale von 1831. Mit einem Durchmesser von 6,90 Metern ist die etwa 75 Tonnen schwere Steinmetzarbeit die größte aus einem Stein gehauene Schale der Welt und war einmal eine Sensation. Auf den beiden Wangen der Freitreppe des Alten Museums stehen zwei große Standbilder. Auf der linken Seite bezwingt ein reitender Löwenkämpfer einen Löwen. Die Skulptur von 1861 ist von Albert Wolff (1815–1892). Bei der Skulptur von August Kiß (1802–1865) von 1841 auf der rechten Treppenwange wehrt sich eine reitende Amazone mit

Herbert-Baum-Gedenkstein, »Amazone zu Pferde«, Altes Museum mit Granitschale

einem Speer gegen den Angriff eines Panthers. Auf der Freitreppe der Alten Nationalgalerie erhebt sich das »Reiterstandbild Friedrich Wilhelm IV.« von Alexander Calandrelli (1834–1903) von 1886. Am Sockel sitzen die allegorischen Figuren Religion, Kunst, Geschichte und Philosophie, die dem König von Preußen zugeordnet werden. Im Kolonnadenhof stehen die »Amazone zu Pferde« von Louis Tuaillon (1862–1919) aus dem Jahr 1895 und die »Bogenspannerin« aus dem Jahr 1906 von Ferdinand Lepcke (1866–1909). Adolf

Brütt (1855–1939) schuf 1887 die Skulptur »Der Fischer (Gerettet)«, welche die Rettung eines Mädchens aus dem Wasser zeigt. Die Bronzeplastik »Der Sämann« von Constantin Meunier (1831–1905) aus dem Jahr 1896 stellt einen Bauer bei der Landarbeit dar. Die Jagdgöttin »Diana« von Reinhold Felderhoff (1865–1919) von 1898 zieht sich ihren Köcher über. Bei der Bronzeskulptur von 1878 »Herkules mit dem nemeïschen Löwen ringend« des Bildhauers Max Klein (1847–1908) umklammert Herkules den sagenhaften Löwen. Die Bronzeskulptur »Hunne zu Pferde« von Erich Hösel (1869–1953) aus dem Jahr 1895 zeigt einen Reiter, der einen Totenschädel vor seinem Pferd betrachtet. Hilfsbereit geht bei der Bronzeskulptur »Kentaur und Nymphe« von Reinhold Begas (1831–1911) aus dem Jahr 1886 der kräftige Kentaur in die Knie, damit die Nymphe seinen Pferderücken besteigen kann. Den lebensgroßen »Löwen« von 1904 schuf August Gaul (1869–1921). Aus der Reihe tanzt die Aluminiumplakette an einem Quader mit der Aufschrift »Survival: Men don't protect you anymore« von Jenny Holzer (*1950). Die Plakette ist Teil einer von Holzer in den Jahren 1983 bis 1985 entwickelten »Survival«-Serie.

Herbert-Baum-Gedenkstein, ⟷ 70 Meter, 🕓 3 Minuten

Granitschale, ⟷ 190 Meter, 🕓 4 Minuten

Amazone und Löwenkämpfer, ⟷ 200 Meter, 🕓 4 Minuten

Kolonnadenhof der Alten Nationalgalerie
⟷ 300 Meter, 🕓 6 Minuten

Museumsinsel – ein Unesco-Weltkulturerbe

Als Museumsinsel wird der Teil der Spreeinsel ab dem Berliner Schloss bis zur Inselspitze beim Bode-Museum be-

Alte Nationalgalerie, Bode-Museum, Altes Museum, Neues Museum

zeichnet. Auf dieser Inselhälfte stehen fünf Museen, die als Gebäudeensemble 1999 in die Liste des Unesco-Weltkulturerbes aufgenommen wurden. Sie entstanden von 1830 bis 1930 im Auftrag der preußischen Könige und zeigen neben bedeutenden Sammlungen die Entwicklung von Museumsbauten im 19. Jahrhundert auf. Alle Museen erlitten schwere Kriegsschäden, die größere Wiederaufbauten erforderlich machten. Nach der Wiedervereinigung wurden die durch die Teilung Berlins getrennten und verstreuten Sammlungen so gut wie möglich wieder zusammengeführt. Mit der James-Simon-Galerie entstand ein neues Besucherzentrum. Benannt wurde die Galerie nach James Simon (1851–1932), einem bedeutenden Mäzen der Staatlichen Museen zu Berlin. Das Alte Museum war das erste auf der Museuminsel. Es wurde im Auftrag von König Friedrich III. nach Entwürfen von Karl Friedrich Schinkel im klassizistischen Stil erbaut.

James-Simon-Galerie, Pergamonmuseum

In ihm wird die Antikensammlung der Griechischen Kunst- und Kulturgeschichte und Kunst der Etrusker und Römer gezeigt. Das Neue Museum wurde nach seiner Sanierung und teilweisen Erneuerung 2009 wiedereröffnet. Es enthält das Ägyptische Museum und Papyrussammlung. In einer Rotunde wird die Büste der ägyptischen Königin Nofretete präsentiert. Weitere Abteilungen sind das Museum für Vor- und Frühgeschichte und die Antikensammlung. In der Alten Nationalgalerie sind Sammlungen aus Skulpturen, Zeichnungen und Gemälde des 19. Jahrhunderts zu sehen. Ein Raum ist Caspar David Friedrich gewidmet. Das Pergamonmuseum wurde 1930 als letztes fertiggestellt. Es ist bekannt für den Aufbau von drei Flügeln des Pergamonaltars und weiteren Rekonstruktionen historischer Architekturen aus Vorderasien. Das Pergamonmuseum unterliegt bis 2037 umfangreichen Sanierungsarbeiten. Vorgesehen ist 2027 die Eröffnung des Nordflügels als Museum für Islamische Kunst, des Mittelteils mit Großobjekten der Antikensammlung sowie des Saals mit dem Pergamonaltar. Das Bode-Museum auf der Inselspitze wurde nach Sanierung 2009 wiedereröffnet. Darin wird byzantinische Kunst vom 3. bis zum 15. Jahrhundert sowie eine Skulpturensammlung italienischer und deutscher Plastiken vom Mittelalter bis zum 18. Jahrhundert präsentiert. Das Münzkabinett beherbergt eine bedeutende Münzsammlung.

Altes Museum, ↔ 190 Meter, 🕓 4 Minuten

Neues Museum, ↔ 400 Meter, 🕓 8 Minuten

Alte Nationalgalerie, ↔ 400 Meter, 🕓 8 Minuten

James-Simon-Galerie, ↔ 400 Meter, 🕓 8 Minuten

Pergamonmuseum, ↔ 650 Meter, 🕓 13 Minuten

Bode-Museum, ↔ 900 Meter, 🕓 18 Minuten

Neuer Marstall – die königliche Garage hinterm Schloss

Der Neue Marstall war als Königlicher Marstall von 1896 bis 1901 im Stil des Neobarocks errichtet worden. Er war so etwas wie die große Garage hinterm Schloss. In ihm waren historische und in Gebrauch befindliche Kutschen und Schlitten des königlichen Hofes mit entsprechendem Zaumzeug untergebracht, wurden dort gewartet und gepflegt – und konnten besichtigt werden. In den oberen Etagen waren in einem doppelstöckigen Pferdestall rund 300 Pferde untergestellt, was einen großen Aufwand an Versorgung und Entmistung mit sich brachte. Die Pferde kamen über

Neuer Marstall

Rampen hoch zu den Ställen. In dem nach dem Krieg wieder aufgebauten Marstall hat die Hochschule für Musik »Hanns Eisler« ihre Studienräume.

Neuer Marstall, Schloßplatz 7, 10178 Berlin
www.hfm-berlin.de, ⟷ 290 Meter, 🕓 6 Minuten

Schloßbrücke mit den Stationen eines Kriegers

Vom Berliner Schloss überquert die Schloßbrücke den Spreekanal und mündet im Boulevard Unter den Linden. Noch im 17. Jahrhundert befand sich dort eine Holzbrücke, die Hundebrücke genannt wurde, weil sich bei ihr die Jagdhundeführer für die Jagd im Großen Tiergarten trafen. Die Schloßbrücke in der heutigen Form geht auf einen Brückenbau im Stil des Klassizismus von Karl Friedrich Schinkel zurück. Die Marmorfiguren auf den Postamenten wurden 1842–57 von Schülern der Bildhauer Johann Gottfried Schadow und Christian Daniel Rauch geschaffen. Sie stellen Siegesgöttinnen und Krieger in unterschiedlichen Lebensphasen dar, von der Erzählung von Heldensagen, dem Lernen des Waffengebrauchs, der Bewaffnung des Kriegers, der Krönung des Siegers, dem verwundeten Krieger, der Führung in den Kampf, dem Schutz der Göttin bis zum Sterben des Kriegers. Das schmiedeeiserne Geländer mit Figuren aus der Mythologie und einem Delphin ist ebenfalls aus der Zeit.

Schloßbrücke, ⟷ 160 Meter, 🕓 3 Minuten

Staatsratsgebäude der DDR mit Schlossportal

Es erstaunt, dass 1964 in die Fassade des neuen Staatsratsgebäudes der DDR ein Portal des Berliner Schlosses eingefügt wurde, wo die DDR doch die Ruinen des Schlosses

Schloßbrücke, Staatsratsgebäude der DDR

nicht zuletzt wegen dessen preußischer Vergangenheit gesprengt hatte. Es ist das aus Originalelementen bestehende historische Portal IV von der Seite des Schlosses zum Lustgarten. Nach der Erzählung der DDR soll während der Novemberrevolution 1918 vom Balkon dieses Portals Karl Liebknecht die »sozialistische Republik« ausgerufen haben. Nach dem Wiederaufbau des Berliner Schlosses ergibt sich seither die Gelegenheit, das nachempfundene neue Portal IV am Lustgarten mit dem originalen Portal im ehemaligen DDR-Staatsratsgebäude zu vergleichen.

Staatsratsgebäude der DDR, Schloßplatz 1, 10178 Berlin
⟷ 400 Meter, 8 Minuten

100 S+U Alexanderplatz
BVG
B V 5236

Spandauer Straße / Marienkirche

Zwischen einer langen Gebäudezeile und dem Roten Rathaus steht als Zeugnis des verschwundenen Marienviertels die mittelalterliche St. Marienkirche. Ununterbrochen fahren Straßenbahnen vorüber und Busse lassen ihre Fahrgäste aus- und einsteigen. Tatsächlich stand hier ein dicht bebautes Stadtviertel mit engen Straßen, Wohn- und Geschäftshäusern, Läden und Kneipen. Die Ruinen, die nach dem Krieg noch standen, wurden bis auf die Kirche abgeräumt und ein großer Park zwischen Fernsehturm und Spree geschaffen. Umgeben wird er von einer bunten Mischung aus Fernsehturm, Rotem Rathaus, Nikolaiviertel, Plattenbau – und mittendrin sprudelt der Neptunbrunnen.

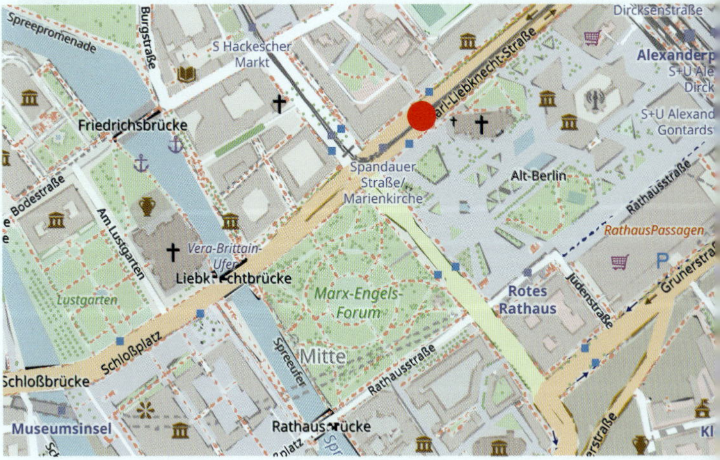

DDR Museum

Gegenüber dem Berliner Dom befindet sich an der Spree das DDR Museum. In einer Ausstellung wird der Alltag in der DDR mit interaktiven Installationen vermittelt. Aus der Lebenswelt der untergegangenen Ost-Republik werden Einrichtungsgegenstände, Möbel, Bilder oder Lampen und sogar ein Trabi ausgestellt. Eine Fahrsimulation in einem originalen Trabant P 601 ist ebenso möglich wie der Besuch einer eingerichteten Plattenbauwohnung mit mehreren Zimmern. Eine Datenbank lädt zum Stöbern über das Leben in der DDR ein.

DDR Museum, Karl-Liebknecht-Straße 1, 10178 Berlin
www.ddr-museum.de, ⟷ 280 Meter, 🕓 6 Minuten

Hanf Museum

Das Hanf Museum informiert seit 1994 über alles, was mit der Pflanze Hanf zu tun hat. Beginnend mit einer allgemeinen Vorstellung werden neben Wachstum und Anbau auch die Ernte und die Verarbeitung aus historischer Sicht beschrieben. Über ihre Anwendung als Nutzpflanze beispiels-

DDR Museum, Hanf Museum

»Aufbauhelfer«, »Aufbauhelferin«

weise bei der Schnur- oder Seilherstellung, in der Medizin, ihrer Verwendung im Baugewerbe oder in der Bekleidung wird anschaulich informiert.

Hanf Museum, Mühlendamm 5, 10178 Berlin
www.hanfmuseum.de, ⟷ 700 Meter, ◷ 14 Minuten

Kunst und Denkmale in der Nähe der Spandauer Straße

Vor dem Roten Rathaus gönnen sich die »Aufbauhelferin« und der »Aufbauhelfer« von Fritz Cremer (1906–1993) aus dem Jahr 1954 eine Pause bei der Schaffung der DDR. Vor dem Rotem Rathaus sprudelt der »Neptunbrunnen« von Reinhold Begas (1831–1911). Der 1891 eingeweihte und vor dem Schloss aufgestellte Brunnen wurde 1951 entfernt und 1969 an seinem heutigen Standort aufgestellt. Das Marx-Engels-Forum entstand bei der Gestaltung Ost-Berlins als Hauptstadt der DDR mit dem »Marx-Engels-Denkmal« des Bildhauers Ludwig Engelhardt (1924–2001) von 1986 als zentrale Skulptur. Früher den Palast der Republik, heute das Berliner Stadtschloss im Rücken, beobachten Karl Marx

und Friedrich Engels die kreuzförmige Sonnenspiegelung in der Turmkugel des Fernsehturms. Ein Marmorrelief »Alte Welt« von Werner Stötzer (1931–2010) zeigt prekär lebende Menschen vor dem Sozialismus, die zwei Bronzereliefs »Die Würde und Schönheit freier Menschen« von Margret Middell (*1940) stellen Menschen in einer befreiten sozialistischen Gesellschaft dar. Auf acht Edelmetallstelen von Arno Fischer (1927–2011) und Peter Voigt (1933–2015) dokumentieren 144 Fotografien die Geschichte der Arbeiterbewegung. In der Rosenstraße erinnert das Denkmal »Frauenprotest 1943« von Ingeborg Hunzinger (1915–2009) an einen Frauenaufstand während des Nationalsozialismus. Im Februar 1943 wurden bei einer Verhaftungswelle Juden aus sogenannten »Mischehen« abgeholt, wie die Nationalsozialisten Ehen zwischen Juden und Deutschen denunzierten. Sie wurden in der jüdischen Sozialverwaltung in der Rosenstraße festgehalten. Unter der Gefahr, selbst verhaftet zu werden, protestierten vor dem Gebäude Hunderte Frauen erfolgreich für die Freilassung ihrer Männer.

Frauenprotest 1943, ⟷ 160 Meter, ◷ 3 Minuten

Neptunbrunnen, ⟷ 250 Meter, ◷ 5 Minuten

Aufbauhelferin, Aufbauhelfer, ⟷ 300 Meter, ◷ 6 Minuten

Marx-Engels-Forum, ⟷ 300 Meter, ◷ 6 Minuten

Museum Ephraim-Palais

Das Museum Ephraim-Palais im Nikolaiviertel befindet sich im Stadtpalais aus dem 18. Jahrhundert des Hofjuweliers Veitel Heine Ephraim (1703–1775). In dem Eckhaus mit markantem Säuleneingang präsentiert das Stadtmuseum

Marx-Engels-Forum, »Frauenprotest«, Neptunbrunnen

Museum Ephraim-Palais, Museum Knoblauchhaus

Berlin wechselnde Ausstellungen zu Themen rund um die Geschichte und Kultur der Stadt.

Museum Ephraim-Palais, Poststraße 16, 10178 Berlin
www.stadtmuseum.de, ⟷ 600 Meter, 🕓 12 Minuten

Museum Knoblauchhaus

Das Museum Knoblauchhaus des Stadtmuseums Berlin im Nikolaiviertel gibt Einblicke in das Leben der wohlhabenden Familie Knoblauch. Durch Seidenhandel, Architektur und Gründung eines Brauhauses spielten die Knoblauchs eine Rolle im Berliner Leben der Biedermeierzeit. Möbel, Gegenstände, Bilder und Briefe dokumentieren die Zeit zwischen dem Ende der Napoleonischen Kriege 1815 und der Revolution von 1848. Das Knoblauchhaus ist eines der wenigen erhaltenen bürgerlichen Häuser des 18. Jahrhunderts in der Mitte von Berlin.

Museum Knoblauchhaus, Poststraße 23, 10178 Berlin
www.stadtmuseum.de, ⟷ 550 Meter, 🕓 11 Minuten

Nikolaiviertel an der Spree

Nikolaiviertel – die Rekonstruktion einer Altstadt

Das Nikolaiviertel zwischen Rotem Rathaus und Spree ist das älteste Siedlungsgebiet Berlins. Im Zweiten Weltkrieg wurde das Viertel um die Nikolaikirche fast vollständig zerstört. Zur 750-Jahr-Feier Berlins 1987 baute die DDR es in der damaligen Auffassung einer Rekonstruktion wieder auf. Es entstand ein ansprechendes »neues« Altstadtviertel aus wiedererrichteten Bürgerhäusern und historisierenden Plattenbauten.

Das Nikolaiviertel bietet eine große Auswahl an Läden, Geschäften, Restaurants und Cafés. Einige bekannte Häuser wurden rekonstruiert und in ihren Mauern Traditionsrestaurants im alten Stil eingerichtet. Am Uferweg an der Spree laden Cafés mit Ausblick auf den Berliner Dom und vorbeituckernde Schiffe ein. Die im Zweiten Weltkrieg bis auf die Außenmauern zerstörte, auf einen mittelalterlichen Kirchenbau zurückgehende Nikolaikirche wurde wiederaufgebaut.

Das heutige Aussehen mit der neugotischen Doppelturmfassade und den schlanken Turmspitzen folgt einem Anbau aus den 1870er Jahren. Nach einer längeren Sanierung wurde die Nikolaikirche 2010 wiedereröffnet. Sie beherbergt ein Museum des Stadtmuseums Berlin. Die Ausstellung vermittelt die Architektur-, Kirchen- und Musikgeschichte des Bauwerks und die Stadtentwicklung Berlins im Mittelalter.

Nikolaikirche, Nikolaikirchplatz, 10178 Berlin
www.stadtmuseum.de, ⟷ 350 Meter, 🕓 7 Minuten

Rotes Rathaus von Berlin

Wegen seiner ziegelroten Farbe wird das Berliner Rathaus als das Rote Rathaus bezeichnet. Es wurde zwischen 1861 und 1869 im Neorenaissance-Stil gebaut und ist Sitz des Regierenden Bürgermeisters von Berlin, der Senatskanzlei und Tagungsort des Senats von Berlin. Das beeindruckende Rathaus stellt einen quadratischen Block von 99 Metern Seitenlänge dar, seine Gebäudehöhe misst 27 Meter. Die Höhe des Turms beträgt bis zur Spitze der Fahnenstange 94 Meter. Die Ziegelmauern umschließen drei offene Innenhöfe, von denen einer für Empfänge mit einem Glasdach geschützt ist. Das Rote Rathaus erlitt im Zweiten Weltkrieg starke Beschädigungen. Von 1951 bis 1956 wurde es für den Ost-Berliner Magistrat wiederaufgebaut, dabei wurden im Innern Veränderungen vorgenommen. Während der Teilung Berlins waren im Roten Rathaus der Magistrat, die Stadtverordnetenversammlung und der Oberbürgermeister von Ost-Berlin untergebracht. Bis 1991 hatten West-Berliner Senat und Bürgermeister ihren Sitz im Schöneberger Rathaus. Seit der Wiedervereinigung wird der Stadtstaat Berlin von hier aus regiert. Das Rathaus war für die Fernsehfilmserie »Babylon Berlin« der Drehort für die sogenannte Rote Burg, das Berliner Polizeipräsidium der 1920er Jahre.

Rotes Rathaus, Rathausstraße 15, 10178 Berlin
⟷ 450 Meter, 🕓 9 Minuten

Rotes Rathaus, Sea Life Berlin

SEA LIFE Berlin – eine Unterwasserwelt

In 32 naturgetreu eingerichteten Süß- und Salzwasserbecken können im SEA LIFE Berlin rund 3.000 Meeresbewohner beobachtet werden. Die Aquarien zeigen 17 thematisierte unterschiedliche Unterwasserwelten. Im Unterwassertunnel kann man sich mitten in den Fischschwärmen fühlen. Es wird über die Gefährdung der Ozeane sowie über Schutzprojekte von SEA LIFE informiert.

SEA LIFE Berlin, Spandauer Straße 3, 10178 Berlin
www.visitsealife.com, ⟷ 80 Meter, 🕓 2 Minuten

St. Marienkirche

St. Marienkirche aus dem Mittelalter
Die St. Marienkirche von 1270 ist eine dreischiffige Hallenkirche mit einem Netzgewölbe. In den Jahren 1789/90 erhielt der Turm einen Turmhelm und damit die Höhe von rund 90 Metern. Um eine Freifläche zwischen Alexanderplatz und Spree zu schaffen, wurden die Kriegsruinen des altstädtischen Marienviertels um die Kirche und auch die Plattform einer Denkmalgruppe für Reformatoren, von denen nur die Skulptur Martin Luthers vor einem rüstungsbedingten Einschmelzen übriggeblieben war, abgeräumt. Das Luther-Denkmal von 1895 wurde 1989 an vorheriger Stelle wieder aufgestellt. Im Innern der evangelischen Kirche befindet sich eine wertvolle Innenausstattung wie beispielsweise der barocke Hochaltar von 1762 oder die Alabasterkanzel von 1703. In der Turmhalle der Kirche ist mit dem Totentanzfresko eines der bedeutendsten erhaltenen mittelalterlichen Kunstwerke Berlins zu sehen. Das 22,60 Meter lange und zwei Meter hohe Wandbild zeigt einen Reigen aus geistlichen und weltlichen Ständevertretern, die sich in einem Schreittanz mit einer Todesgestalt befinden. Seine Entstehung wird um das Pestjahr 1484 vermutet.

St. Marienkirche, Karl-Liebknecht-Straße 8, 10178 Berlin
www.marienkirche-berlin.de, ⟷ 130 Meter, 🕓 3 Minuten

ZilleMuseum – Zeichnungen und Malereien des Berliners Heinrich Zille

Das ZilleMuseum öffnet in einer Gasse im Nikolaiviertel seine Ausstellungsräume mit Museums-Shop und würdigt das Werk des bekannten Berliner Zeichners und Malers Heinrich Zille (1858–1929). Eine Dauerausstellung »Leben und Werk« zeigt die umwerfenden Darstellungen des Berliner Alltagslebens der einfachen Leute seiner Zeit, des sogenannten »Milljöhs«. Aber auch das Bürgertum stellte der Künstler treffend dar. Thematische Sonderausstellungen ergänzen das Ausstellungsprogramm.

ZilleMuseum, Propststraße 11, 10178 Berlin
www.zillemuseum-berlin.com
⟷ 600 Meter, 🕓 12 Minuten

ZilleMuseum

100 S+U Zoologischer Garten
via Reichstag
B V 4871

S+U Alexanderplatz / Memhardstraße

Straßenbahnen, Busse, starker Autoverkehr und Züge, die auf einer Brücke die Straße überqueren, lassen die Nähe des Alexanderplatzes erahnen. Der schlanke Fernsehturm mit seinem glänzenden Kugelkorb und das Hochhaushotel Park Inn weisen den Weg. Erst wenn die richtige Passage zwischen den sich auftürmenden Geschäftshäusern gefunden wurde, ist man auf dem Weg zu dem Platz, der durch Alfred Döblins Roman »Berlin Alexanderplatz« literarische Berühmtheit erlangte. Der Verkehrsknotenpunkt von einst ist zu einem Fußgängerbereich mit Straßenbahn geworden, der Verkehr findet heute hauptsächlich im Untergrund oder Umkreis statt.

Alexanderplatz – das Zentrum der City Ost

Die Umgestaltung des verkehrsreichen Alexanderplatzes in den 1960er Jahren folgte der Idee eines Platzes nur für Fußgänger innerhalb einer großstädtischen Bebauung. Gebäude im Stil der sozialistischen Moderne wie das »Haus des Berliner Verlags«, das »Haus der Elektroindustrie«, das »Haus der Statistik«, das »Haus des Reisens«, das »Haus des Lehrers« und eine Kongresshalle, ein Warenhaus und ein 120 Meter hohes Hotel unterstützten seine Rolle, die Mitte der Hauptstadt der DDR zu sein. Kunstfriese und ein Wandrelief an den Gebäuden zeigten das ideale Leben in einem Sozialismus der DDR. Sie gelten als bedeutende Beiträge für Kunst am Bau aus dieser Zeit. Als Attraktion und Treffpunkt entwickelte sich schnell die sensationelle »Weltzeituhr« und auf den Stufen des »Brunnens der Völkerfreundschaft« wird noch immer die Sonne genossen. Nach der Wiedervereinigung wurde der Alexanderplatz in seinem Aussehen verändert und mit neuen Gebäuden ergänzt. Seit 1998 überqueren ihn wieder Straßenbahnen, eine Linie hat im Fußgängerbereich sogar ihre Haltestelle. Das sozialistische Fußgängerparadies gehört der Vergangenheit an.
Der ursprüngliche Platz entstand vor einem Tor der Berliner Stadtmauer. Im Jahr 1701 erhielt er den Namen »Königs Thor Platz« nach dem Königstor, an dem er lag. Auf dem »Königs Thor Platz« wurde am 25. Oktober 1805 der russische Zar Alexander I. zu einem Besuch empfangen. Anlässlich dieses Ereignisses wurde der Platz in Alexanderplatz umbenannt.

Alexanderplatz, ⟷ 300 Meter, 🕓 6 Minuten

Fernsehturm – das höchste Bauwerk Deutschlands

Der Berliner Fernsehturm ist mit 368 Metern das höchste Bauwerk Deutschlands. Die Turmkugel an seiner Spitze hat

Alexanderplatz, Fernsehturm Berlin

einen Durchmesser von 32 Metern. Die Publikumsaufzüge schaffen ihre Fahrt in die luftige Höhe in 38 Sekunden. Wegen der Aussicht, die von einer Aussichtsetage auf rund 203 Metern Höhe und eine Etage höher von einem sich langsam drehenden Restaurant genossen werden kann, zählt der Fernsehturm zu einer der beliebtesten Sehenswürdigkeiten in Berlin. Der Turm wurde von 1965 bis 1969 von der Deutschen Post der DDR errichtet. Er dient als Standort mehrerer Sendeanstalten, die in der Turmkugel ihre Sendeeinrichtungen haben.

Fernsehturm Berlin, Panoramastraße 1A, 10178 Berlin
www.tv-turm.de, ⟷ 250 Meter, ◷ 5 Minuten

Hofbräu Wirtshaus Berlin –
Weißwurst und Currywurst

Liebhaberinnen und Liebhaber der bayerischen Lebensart kehren im Hofbräuhaus am Alexanderplatz ein. In der Stadt war früher nach bayerischer Art gebrautes Bier ein beliebtes Getränk. Das Berliner Hofbräuhaus knüpft mit einem Gasthaus mit Holztischen und weißblauen Wimpeln an diese Zeiten an. In Maßkrügen werden bayerisches Bier und herzhafte Kost serviert, selbstverständlich in Dirndl und Lederhose. Die variantenreiche Küche bietet ein umfangreiches süddeutsches und internationales Angebot. Unter anderen Leckerbissen kann zum Beispiel neben der typischen Münchner Weißwurst eine Berliner Currywurst mit hausgemachter Hofbräu-Currysauce vernascht werden.

Hofbräu Wirtshaus Berlin, Karl-Liebknecht-Straße 30,
10178 Berlin, www.hofbraeu-wirtshaus.de
⟷ 300 Meter, ◷ 6 Minuten

Hofbräu Wirtshaus Berlin, Illuseum

Illuseum – Täuschungen und Illusionen

Das Illuseum ist voller optischer Täuschungen und Illusionen. Räume verwirren über groß oder klein, oben und unten, schief oder gerade. Bei schrägen Wänden, falschen Perspektiven, farbenprächtigen Kaleidoskopen, rätselhaften Bilddarstellungen oder geheimnisvollen Hologrammen kommen Seh-, Gleichgewichts- und Wahrnehmungsgewohnheiten gehörig ins Schwanken.

Illuseum, Karl-Liebknecht-Straße 9, 10178 Berlin
www.illuseum-berlin.de, ⟷ 300 Meter, 🕓 6 Minuten

Kunst auf und um den Alexanderplatz

Auf der »Weltzeituhr« kann die Weltzeit von 146 Orten auf der Erdkugel abgelesen werden. Auf einer 2,70 Meter hohen Säule liegt eine Scheibe mit 24 Flächen, auf denen die 24 Hauptzeitzonen mit ihren großen Städten verzeichnet sind. Auf einem Stundenring ziehen 24 Felder mit den Stundenangaben eines Tages vorüber. So kann von Städten in derselben Zeitzone die Weltzeit abgelesen werden. Über der Uhr kreisen an Stahlringen die Planeten. Ein anderer Treffpunkt auf dem Alexanderplatz ist der künstlerisch gestaltete »Brunnen der Völkerfreundschaft« von 1970 nach Walter

& mehr
PRESSECAFE

Haus des Lehrers, Wandfries »Unser Leben«

Womacka (1925–2010). Er bildet mit 23 Metern Durchmesser und 6,20 Metern Höhe das zentrale Element des Alexanderplatzes. Auf dem Boden des Brunnens nimmt ein Mosaik die Spiralform seiner Wassersäulen auf, die bis 2007 in der Pflasterung weitergeführt wurde, als ob sich ein Wirbel der Freundschaft ausbreiten würde. Am »Haus des Berliner Verlags« strahlt in kräftigen Farben der 76 Meter lange und 3,60 Meter hohe Wandfries »Die Presse als Organisator« von Willi Neubert (1920–2011) von 1979. Die Zeichnungen stellen die Arbeit in einem Presseverlag dar. Zu den Häusern mit architektonischem Anspruch zählte in der DDR das »Haus des Reisens« von 1971. An seiner Fassade zur Otto-Braun-Straße befindet sich ein großes Metallrelief mit dem Titel »Der Mensch überwindet Zeit und Raum« von Walter Womacka. Im Zentrum des Kupferreliefs sind ein Mann, eine Frau mit wehenden Haaren und ein Kosmonaut in einem Raumanzug zu sehen. Raumfahrt war die Metapher für Zukunft und Fortschritt. Von Walter Womacka stammt

Weltzeituhr, Pressecafé, Brunnen der Völkerfreundschaft

außerdem am »Haus des Lehrers« der Mosaikwandfries »Unser Leben«. Über zwei Etagen läuft der sieben Meter hohe und 127 Meter lange Fries um das Gebäude. Er zeigt Darstellungen aus dem gesellschaftlichen Leben in der DDR zu unterschiedlichen Themengebieten wie Wissenschaft, Technik, Beruf, Arbeit, Alltag oder Völkerfreundschaft.

Die Presse als Organisator, ⟷ 90 Meter, 🕓 2 Minuten

Brunnen der Völkerfreundschaft
⟷ 350 Meter, 🕓 7 Minuten

Weltzeituhr, ⟷ 500 Meter, 🕓 10 Minuten

Der Mensch überwindet Zeit und Raum
⟷ 500 Meter, 🕓 10 Minuten

Unser Leben, ⟷ 500 Meter, 🕓 10 Minuten

Körperwelten Museum

Im Sockelbau des Fernsehturms befindet sich auf der Seite zum Neptunbrunnen das Körperwelten Museum. Zu erreichen ist es über eine breite Freitreppe oder mit Aufzug. In dem Museum werden Präparate tierischer und menschlicher Körper und einzelner Organe gezeigt. Für die Ausstellung wurden über ein Plastinationsverfahren Organe oder ganze Körper mit Offenlegung der Sehnen, Muskeln, Nerven oder Knochen in dauerhafte Präparate umgewandelt. Realitätsnah wird die Anatomie und Physiologie des menschlichen Körpers präsentiert.

Körperwelten Museum, Panoramastraße 1A, 10178 Berlin
www.koerperwelten.de, ⟷ 300 Meter, 🕓 6 Minuten

Körperwelten Museum

Neue Gesellschaft bildender Kunst (ngbk)

Nach über 30 Jahren in Kreuzberg zog der Kunstverein »Neue Gesellschaft für bildende Kunst« (ngbk) in die leeren Räume eines Fastfood-Restaurants im ersten Obergeschoss der langen Hauszeile an der Karl-Liebknecht-Straße. Der Verein wurde mit einer basisdemokratischen Struktur gegründet, die den Mitgliedern eine Einflussnahme auf Programm, inhaltliche Ausrichtung von Ausstellungen, Rechercheprojekte oder Veranstaltungsreihen ermöglicht. Der ngbk versteht sich als innovativer Ort zeitgenössischer Kunst- und Ausstellungsproduktionen, die sich häufig mit gesellschaftspolitischen Themen auseinandersetzen.

ngbk am Alex, Karl-Liebknecht-Straße 13, 10178 Berlin
www.ngbk.de, ⟷ 450 Meter, 🕓 9 Minuten

park inn

Memhardstraße (Betriebshaltestelle)

Die letzte auf dem Streckenplan der BVG angegebene Haltestelle des »Bus 100« ist die Betriebshaltestelle an der Memhardstraße gegenüber dem Haus des Berliner Verlags. Zu bewundern sind an der belebten Kreuzung der Wolkenkratzer des Hotels Park Inn und der Wandfries am »Haus des Berliner Verlags«. Das Verlagshaus, auch »Pressehaus am Alex« genannt, wurde 1973 im Stil der sozialistischen Moderne am zentralen Platz von Ost-Berlin errichtet und bot rund 1.000 Menschen einen Arbeitsplatz. Hinter dem künstlerischen Wandfries »Die Presse als Organisator« schwebte über dem Straßenverkehr der breiten Kreuzung das damalige Pressecafé. Nach Renovierung der Räume 2024 soll wieder Gastronomie einziehen. Ins Auge sticht an der Stirnseite des Gebäudes die Feuertreppe mit einem Zylinder an der Spitze, der umlaufend den Schriftzug des Berliner Verlags trägt. Bis die Busfahrerinnen und Busfahrer den Motor für eine Fahrt zurück zum Bahnhof Zoologischer Garten anwerfen, machen sie auf der Abstellspur in der Memhardstraße eine wohlverdiente Pause – in aller Ruhe und ohne Fahrgäste. Eingestiegen wird erst an der nächsten Haltestelle in der Karl-Liebknecht-Straße.

Haus des Berliner Verlags, Karl-Liebknecht-Straße 29, 10178 Berlin, ⟷ 50 Meter, 🕓 3 Minuten

Bus 100 – Linienverlauf

Haltestelle	durchschn. Fahrzeit	Umsteigen
Hertzallee	▶	BUS 200, M45, 204, M46, 245, M49, 249, X10, N2, X34, N9, 109, N10, 110, N26
S+U Zoologischer Garten	3	RE1, S9, X34, N1, RE2, U2, 109, N2, RE7, U9, 110, N9, RE8, BUS 200, N10, RB23, M45, 204, N26, S3, M46, 245, S5, M49, 249, S7, X10, N7X
Breitscheidplatz	5	BUS 200
Bayreuther Str.	7	
Schillstr.	8	BUS M29, 106, 187
Lützowplatz	9	BUS M29, 106, 187, N26
Nord.Botschaften/Adenauer-Stiftg	10	BUS 106, 187, 200, N26
Großer Stern	12	BUS 106, 187, N26
Schloss Bellevue	13	BUS 187

Min.	Haltestelle	Umsteigen
15	Haus der Kulturen der Welt	
16	Platz der Republik	
18	Reichstag/Bundestag	
20	S+U Brandenburger Tor	S1, S2, S25, S26, U5, BUS N5
22	U Unter den Linden	U5, U6, BUS 147, 300, N5, N6
24	Staatsoper	BUS 300, N5
25	U Museumsinsel	U5, BUS 300, N5
27	Spandauer Str./Marienkirche	Tram M4, M5, M6, BUS 200, N2, N5, N8, N40, N42, N60, N65
29	S+U Alexanderplatz/Memhardstr.	RE1, RE2, RE7, RE8, RB23, S3, S5, S7, S9, U2, U5, U8, Tram M2, BUS 200, N2, N5, N8, N40, N42, N60, N65
31	Memhardstr.	

Noch mehr Ausflugsideen

Susanne Leimstoll
Stadtoasen in Berlin
Die schönsten Gartencafés, Biergärten und Draußenrestaurants
ISBN 978-3-8148-0268-8

Ganz Berlin
Die schönsten Spaziergänge durch alle Stadtteile
ISBN 978-3-8148-0276-3

Therese Schneider
Berliner Spaziergänge
Die schönsten Wege durch die Stadt
ISBN 978-3-8148-0284-8

Frank Goyke
Berlin am Wasser
Die schönsten Wanderungen an Flüssen, Seen und Kanälen
ISBN 978-3-8148-0253-4

Gary Schunack
Idyllisches Berlin
Ausflüge in die schönsten
Dörfer der Stadt
ISBN 978-3-8148-0257-2

Gary Schunack
Ahoi, Berlin
Die schönsten Ausflüge am,
auf und unter Wasser
ISBN 978-3-8148-0255-8

Gerhard Drexel
Kunst in Berlin
Spaziergänge zu Kunstwerken,
Galerien und Museen
ISBN 978-3-8148-0283-1

Frank Goyke
Wandern in Berlin
Auf den schönsten Wegen
durch die Stadt
ISBN 978-3-8148-0258-9

Bildnachweis

AdobeStock: S. 6, 91 o., 117, 143
akg-images: S. 8
Berliner Verkehrsbetriebe (BVG), Fahrgastinformation, Stand: 10. Dezember 2023: S. 186/187 (Streckenplan)
picture alliance: S. 24 l. (Alexander Schuhmann), 155 u. (Karl-Heinz Spremberg)
picture-alliance / akg-images: 10, 11
picture alliance / Bildagentur-online / Joko: 26
picture alliance / Schoening: 23 r., 131
picture alliance / SZ Photo (Metodi Popow): 87
picture alliance / ullstein bild (Herbert Hoffmann): 12
picture-alliance / ZB: 13 (Heinz Krimmer), 24 r. (Michael Hanschke), 130 (Karlheinz Schindler), 179 r. (Sascha Steinach)
VG Bild-Kunst, Bonn 2024: 121 o. l., 133 u.

Alle anderen Fotos stammen von Gerhard Drexel.

Der Autor

Gerhard Drexel, Jahrgang 1948, lebt seit 1995 in Berlin und erkundet von dort aus die Stadt und das umliegende Land Brandenburg. Er hat bereits zahlreiche Stadt- und Reiseführer veröffentlicht. Im BeBra Verlag erschien zuletzt »Kunst in Berlin«.

MIX
Papier | Fördert gute Waldnutzung
FSC® C106600

Stand der Informationen: Januar 2024

Bibliografische Information der Deutschen Nationalbibliothek
Die Deutsche Nationalbibliothek verzeichnet diese Publikation in der Deutschen Nationalbibliografie; detaillierte bibliografische Daten sind im Internet über http://dnb.d-nb.de abrufbar.

Asternplatz 3, 12203 Berlin
post@bebraverlag.de
Lektorat: Matthias Zimmermann, Potsdam
Umschlag: Goscha Nowak, Berlin
Satz: typegerecht berlin
Schrift: Skolar
Druck und Bindung: DZS, Ljubljana
ISBN 978-3-81480-294-7

www.bebraverlag.de